Das große Buch der

Gewehre

Das große Buch der
Gewehre

Olivier Achard
Fotos: Matthieu Prier
Deutsche Bearbeitung:
Harald Fritsch
Waffensachverständiger, Schießlehrer Bw

DÖRFLER

ELEY
Fabriquée en France

INHALT

DIE ENTWICKLUNG DER LANGWAFFE

Die Erfindung des Schießpulvers hat eine der größten Umwälzungen in der Geschichte der Menschheit hervorgerufen. Die Erfinder selbst sind jedoch im Dunkeln geblieben. Manche Experten vermuten die Chinesen als Urheber, andere die Perser. Auch die Griechen und Araber sind genannt worden. Nach einer anderen Legende soll ein deutscher Mönch namens Berthold Schwarz zwischen 1310 und 1330 das nach ihm benannte Schwarzpulver erfunden haben. Andere wiederum halten den englischen Mönch Roger Bacon (1214-1294) für den wahren Erfinder des Schießpulvers. Alle diese Hypothesen halten jedoch einer gründlicheren Untersuchung nicht stand. Wir werden uns wohl damit begnügen müssen, dass der Name des Erfinders für immer ein Rätsel bleiben wird. Auf alle Fälle hat das Erscheinen des Schießpulvers die Kunst der Kriegsführung revolutioniert. Zunächst kam es bei den Artilleriewaffen, den berühmten Bombarden, zum Einsatz. Die ersten Kugeln waren noch aus Stein, aber schon bald wurden sie aus einem Guss minderer Qualität, damals auch als „Gusseisen" bezeichnet, hergestellt.

Schon bald kam der Gedanke auf, eine transportable Artilleriewaffe zu schaffen. Das Ergebnis dieser Bemühungen war die Stangenbüchse oder Handbombarde. Die Stangenbüchse bestand aus einem simplen Eisenrohr, bei dem ein Ende verschlossen wurde. Durch eine kleine Öffnung an diesem Ende, dem so genannten Zündloch, wurde das Schießpulver gezündet. Die Stangenbüchse war schwer, umständlich zu bedienen und teilte zudem herbe Rückstöße aus. Daher waren Verbesserungen dringend angeraten. Die neuen Waffen hatten nun längere Läufe mit gleichzeitig geringeren Durchmessern. Die Läufe waren an einem Stück Holz befestigt, dem Vorläufer der modernen Kolben. Das Zündloch

Großaufnahme einer Waffe mit Radschlossmechanismus.
Die Erfindung des Radschlossmechanismus stellte seinerzeit einen echten Fortschritt gegenüber den althergebrachten Systemen dar.

Detailaufnahme einer Waffe mit Steinschloss

Ein Steinschlossgewehr des französischen Waffenfabrikanten Marin Le Bourgeoys.

befand sich von nun an nicht mehr oben auf dem Lauf, sondern an seiner rechten Seite.

Auf die Stangenbüchse folgte die Arkebuse. Sie verfügte über eine kleine Mulde, die sogenannte Zündpfanne, rund um das Zündloch, geschützt durch eine Klappe vor Regen und den Unbilden der Witterung. Gezündet wurde die Arkebuse mit Hilfe einer Zündschnur. Aber auch diese Konstruktion war nicht gerade einfach in Gang zu bringen. Daher erschien schon bald darauf ein weiter verbesserter Mechanismus. Die damit ausgerüsteten Waffen wurden nun als Arkebusen mit Luntenhahn bezeichnet. Dieser war ein kleines, S-förmiges Rohr, das die Zündschnur aufnahm. Der Hahn war mit Hilfe eines Zapfens an der Waffe befestigt. Um die Waffe abfeuern zu können, genügte es, den Luntenhahn in die Zündpfanne zu bringen, damit die darin befindliche Zündschnur das Pulver entzündete. Wollte der Schütze die Waffe nachladen, schob er den Luntenhahn nach hinten zurück. Der Vorteil dieses Systems war, dass man sich nicht mehr die Finger verbrannte.

Durch viele kleine Verbesserungen wurde die Arkebuse mit Luntenhahn immer weiter verfeinert. Das Scharnier wurde auf einer Metallplatte, dem sogenannten Schloss, befestigt, welches selbst wiederum fest auf dem Holz der Waffe montiert war. Obwohl die Mechanismen mit der Zündschnur das Schießen mit der Arkebuse erheblich vereinfacht hatten, war es nach wie vor eine recht unbequeme Angelegenheit. Das größte Problem war, dass bei Regen oder starkem Wind die Arkebuse häufig nicht funktionieren wollte. Was im Krieg noch schwerer wog war die Tatsache, dass die Zündschnur bei Nacht als kleiner roter Punkt weithin sichtbar war. Also machte man sich daran, diese Fehler zu beseitigen.

Das Ergebnis der Weiterentwicklung war die Arkebuse mit Radschloss. Das Rad war eine raue Scheibe, auf die mit Hilfe einer Feder ein „Hahn" gedrückt wurde. Dieser ist nichts weiter als ein simpler Metallhebel, dessen Ende die Form eines Schraubenschlüssels hat. Dieser Schraubenschlüssel nimmt einen „Feuerstein“, Pyrit oder Silex, auf. Der Schütze spannt die Feder des Schlosses mit Hilfe einer kleinen Kurbel. Nun braucht er nur noch den Abzug zu drücken, damit der Hahn herausschnellt und auf das Zündrad schlägt. Der Feuerstein erzeugt Funken, die das Schießpulver in Brand setzen und den Schuss auslösen. Das größte Problem bei den Waffen mit Radschloss war, dass die Produktion wegen der erforderlichen Präzision mit wesentlich höheren Kosten behaftet war. Ein vereinfachtes System führte zur Entwicklung der Steinschlossmuskete. Kurz nachdem das Prinzip der Reibung eines Feuersteins am Metall bekannt war, machten sich die Waffenmeister daran, die noch recht komplizierten Systeme zu vereinfachen. Im Jahr 1610 entwickelte neben anderen auch ein französischer Waffenmeister, Marin Le Bourgeoys, ein Steinschloss, das auf dem arabischen Schnapphahnschloss beruht. Die mit diesem neuartigen Schloss ausgestatteten Gewehre setzten sich schon bald bei allen europäischen Armeen durch. Trotz höherer Zuverlässigkeit benötigte aber auch dieses Schloss immer noch einigermaßen gutes Wetter, um einwandfrei zu funktionieren.

Ein anglikanischer Pfarrer, John Forsyth, stellte schließlich fest, dass Knallquecksilber eine Stichflamme produziert, wenn es erhitzt oder erschüttert wird. Er übertrug seine Entdeckung auf die Feuerwaffe. Eine Kapsel mit Knallquecksilber, das so genannte Zündhütchen, wurde auf die Zündöffnung der Waffe gesetzt. Der Hahn, nun ohne Feuerstein, schlug auf das Zündhütchen. Dieses entzündete das Pulver und löste so den Schuss aus. Forsyths Erfindung setzte sich auf der ganzen Linie durch: Das neu entwickelte Perkussionsschloss löste das Steinschloss ab. Gleichzeitig bereitete dieser revolutionäre Mechanismus auch den Weg für die Konstruktion der Hinterlader, bei denen die Ladung nicht mehr durch die Mündung eingeführt wurde. In der Folge wurde die Patrone entwickelt – die tragbare Feuerwaffe gelangte ins moderne Zeitalter.

Detailaufnahme einer Waffe mit Perkussionsschloss

Das Perkussionsschloss führte rasch zur Einführung der Hinterlader, die die bis dahin gebräuchlichen Vorderlader ablösten.

GEBR. MERKEL SUHL
MADE IN GERMANY

ALLGEMEINES ÜBER MODERNE GEWEHRE

Das Wort *Gewehr* bezeichnete ursprünglich alle Waffen zur Verteidigung, zur „Wehr“ eben. Neben Feuerwaffen zählten dazu anfänglich auch Hieb- und Stichwaffen. Heute versteht man unter *Gewehr* eine mit beiden Händen zu bedienende Schulterwaffe. Zu den Gewehren zählen sowohl die Militärwaffen mit nur einem gezogenen Lauf wie auch Jagd-, Sport- und Verteidigungswaffen mit einem oder mehreren gezogenen oder glatten Läufen. Waffen mit gezogenen Läufen sind Büchsen, solche mit glatten Läufen sind Flinten.

Ein Gewehr kann über einen festen Lauf oder einen Kipplauf verfügen. Zu den Gewehren mit festem Lauf zählen Waffen, die entweder über die Mündung oder über den oftmals beweglichen Verschluss geladen werden (Vorderlader/Hinterlader).

Die Basküle ist dasjenige Teil des Gewehrs, um das der Lauf geschwenkt wird, wenn es geöffnet wird. Daher spricht man von Kipplauf-Gewehren. Diese werden mit Hilfe eines Hebels aufgeklappt. Riegel dienen dazu, das System während der Schussabgabe fest zu verschließen und den Lauf in der richtigen Stellung festzuhalten. Der bewegliche Verschluss des Gewehrs wird durch einen Riegel, einen Hebel oder aber über eine Pumpbewegung geöffnet und geschlossen. Automatisches Nachladen wird durch Gasdruck oder Rückstoß ermöglicht. Beim Gasdrucklader wird das beim Abfeuern erzeugte Gas an einer bestimmten Stelle des Laufs abgezapft. Beim Rückstoßlader wird durch Rückstoß nachgeladen. Der Hammer oder Hahn ist das Teil, das gegen den Schlagbolzen schlägt und so die Schussauslösung hervorruft. Es gab Zeiten, zu denen Waffen mit einem außenliegenden Hahn ausgerüstet waren, heute hingegen ist er meist in den Mechanismus integriert (hammerless). Wenn ein Schrotlauf über einen Choke verfügt, ist er am vorderen Teil um ein gewisses Maß verengt ($1/4$ – $1/2$ – $3/4$ – voll), um beim Schießen den Durchmesser der Schrotgarbe einzuschränken. Bei manchen Waffen ist der Choke verstellbar, bei anderen hingegen nicht. Beim Auszieher handelt es sich um ein Teil, das die Hülse oder die gesamte Patrone aus der Kammer zieht, je nachdem, ob diese bereits verschossen wurde oder nicht. Der automatische Ejektor schleudert die verschossene Hülse aus der Waffe. Den Abzug benutzt der Schütze, um den Schuss mit Hilfe seines Fingers auszulösen. Der Abzugsbügel rund um den Abzug verhindert, dass dieser gegen ein Hindernis stößt oder daran hängen bleibt und so versehentlich ausgelöst wird.

Der Schaft aus Holz oder Kunststoff ist das Teil, an dem das Gehäuse der Waffe befestigt wird. Man unterscheidet zwischen dem Kolben, der hinten oft mit einer elastischen Schaftkappe versehen ist, da hier die Schulter des Schützen den Rückstoß auffangen muss, und dem vorderen Teil, der in der Hand gehalten wird, dem Vorderschaft.

Die Sicherung wird normalerweise durch einen Schiebemechanismus betätigt und blockiert entweder den Abzug oder den Schlagbolzen, damit kein Schuss ausgelöst werden kann. Das vordere Ende des Gewehrlaufs wird als Mündung bezeichnet. Das Patronenlager ist das Teil der Waffe, das die Patronen aufnimmt.

Made in Austria
234673

ALLGEMEINES ÜBER BÜCHSEN

Büchsen, Gewehre mit einem gezogenen Lauf, werden im militärischen Bereich unterteilt in Karabiner und Gewehre. Bei Karabinern handelt es sich im Prinzip um Repetierbüchsen kürzerer Bauart. Die beim Militär verwendeten Karabiner kamen nicht nur bei der Kavallerie zum Einsatz, sondern überall dort, wo der Einsatz eine Waffe erforderte, die kürzer war als das klassische Gewehr.
Jagdlich werden Repetierer kürzerer Bauart auch als Stutzen bezeichnet. Stutzen sind oft voll geschäftet, das heißt, ihr Schaft reicht bis zur Laufmündung. Eine Repetierbüchse kann in der Regel einem Gasdruck von 3000 bis 4000 bar standhalten, eine Flinte hingegen allenfalls 1200 bar.

Büchsen haben als Zieleinrichtung entweder eine offene Visierung (Kimme und Korn), eine geschlossene Visierung (Diopter) oder eine optische Visierung (Zielfernrohr). Für die Drückjagd bestimmte Repetierbüchsen verfügen oft über ein so genanntes Fluchtvisier, das eine Abart der offenen Visierung über Kimme und Korn ist.
Manche Repetierbüchsen besitzen zwei Abzugszüngel. Das erste Züngel, das so genannte Stecherzüngel, erlaubt es, den eigentlichen Abzug, mit dem dann der Schuss ausgelöst wird, feiner oder leichtgängiger einzustellen.

Die Abbildung zeigt eine Repetierbüchse für Großwild mit Vollmantelpatronen und variablem Swarowski Zielfernrohr mit Suhler Einhakmontage.

Von links nach rechts: eine Zündstiftpatrone, drei Patronen mit Zentralzündung für Waffen mit gezogenem Lauf, eine Papierpatrone mit Langgeschoss für gezogene Läufe

Patrone mit Zentralzündung für Waffen mit glatten Läufen (Flinten) (Kaliber 16), zwei Patronen mit Zentralzündung für Waffen mit gezogenen Läufen (Büchsen) (Kaliber .300 W. und .30-30), eine Patrone mit Randzündung (Kaliber .22 kurz)

Bestandteile einer Schrotpatrone mit zentraler Zündung für Waffen mit glattem Lauf

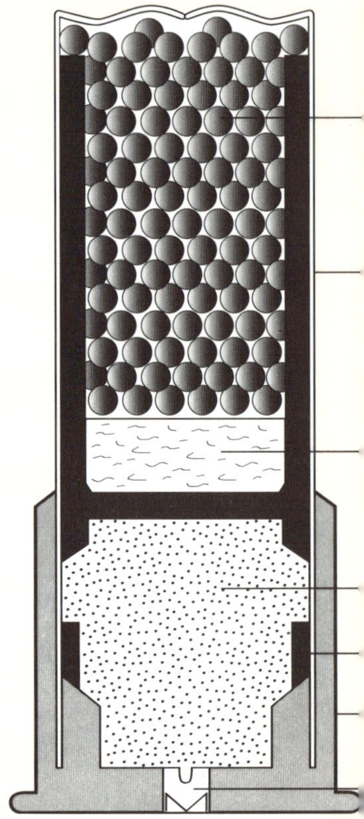

Bestandteile einer Büchsenpatrone mit zentraler Zündung für Waffen mit gezogenem Lauf

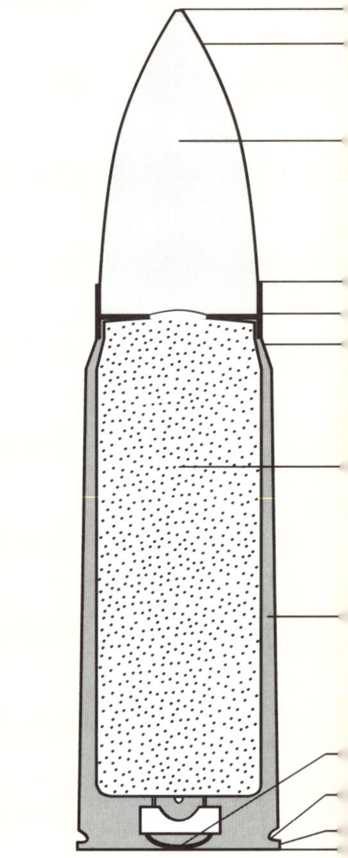

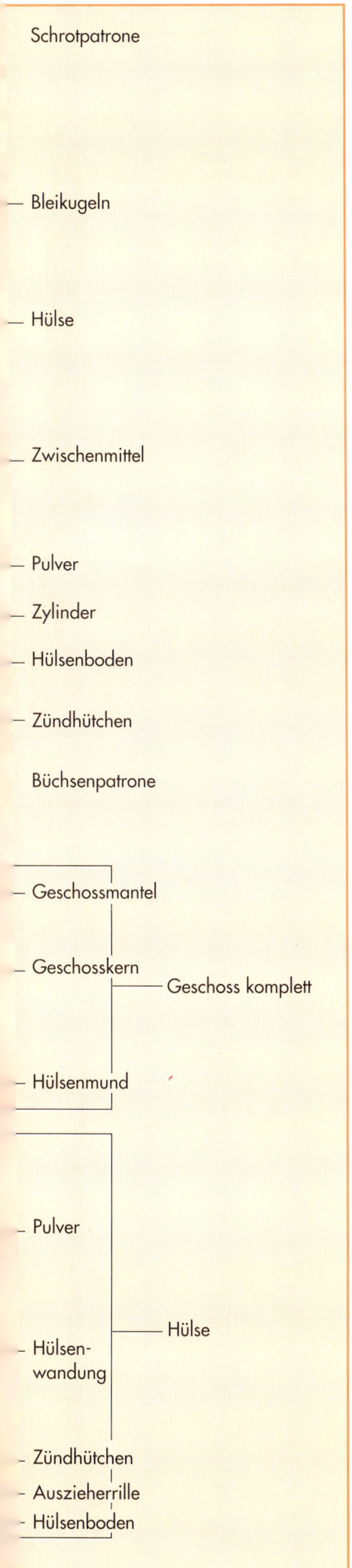

DIE MUNITION

DIE ENTWICKLUNG DER MUNITION

Ursprünglich musste der Schütze seine Waffe vorn durch die Mündung laden, indem er zunächst das Schießpulver und danach die Kugel hineinschob. Da dieses Verfahren äußerst langsam und umständlich war, ging man nach Einführung der Hinterladerwaffen dazu über, Kugel und Pulver in eine gemeinsame Papierhülle zu geben. So entstand die erste Papierpatrone. Und wenn schon Kugel und Pulver in einer Hülle saßen, warum dann nicht auch das Zündhütchen? Damit konnte man dann die Waffe durch den Verschluss laden. Mit der Zeit wurde eine ganze Reihe unterschiedlicher Patronen entwickelt: die Zündnadelpatrone, die Patrone mit Randzündung, die Zündstiftpatrone und schließlich die Patrone mit Zentralzündung.

BEZEICHNUNG DER MUNITION

Die Bezeichnung der Patronen hängt in erster Linie vom Kaliber der Waffe ab.

MUNITION FÜR WAFFEN MIT GLATTEM LAUF

Die Bezeichnung des Kalibers bezieht sich auf eine Anzahl gleichgroßer Bleikugeln, die sich aus einem englischen Pfund (489 g) Blei herstellen lassen. Der Durchmesser einer dieser Bleikugeln ist dann der Laufinnendurchmesser. 12 Kugeln ergibt so z.B. Kaliber 12, 16 Kugeln Kaliber 16. Je kleiner die Zahl, desto größer ist das Kaliber. Die zweite auf das Kaliber folgende Zahl (zum Beispiel 12/76) gibt die Höchstlänge der Patrone an, die die Kammer der Waffe aufnehmen kann (76 steht für 76 mm, das Kaliber 12/76 ist auch als 12 Magnum bekannt).

MUNITION FÜR GEZOGENE WAFFEN

Das Kaliber einer Waffe ergibt sich entweder aus dem Innendurchmesser des Laufs, gemessen von Zug zu Zug oder von Feld zu Feld oder aber aus dem Durchmesser des Geschosses. Möglich ist auch die gerundete Zahl des Durchschnitts der verschiedenen Werte. Die Kaliber werden entweder in Millimetern (europäische Methode) oder aber in tausendstel Zoll (angelsächsische Methode) gemessen. Die Bezeichnungen 7,62 mm und .308 stehen daher für ein und dasselbe Kaliber. Beim metrischen System steht die zweite Zahl für die Länge der Hülse in Millimetern. 7,62x51 steht somit für eine Patrone vom Kaliber 7,62 mm, deren Hülse 51 mm lang ist. Beim angelsächsischen System kann nach der ersten Zahl ein Bindestrich stehen: .45-75 oder .30-06. Die erste Zahl, 45, steht für das Kaliber, während die zweite Zahl, 75, die Schwarzpulvermenge in Grain angibt. Bei der .30-06 steht die 30 immer noch für das Kaliber, aber die 06 in diesem Fall für das Jahr der Einführung (1906). Manchmal hat die Bezeichnung auch einen Schrägstrich (6/222 oder 6 mm-222 Remington) der darauf hinweist, dass die Munition aus einer 6-mm-Kugel in einer Hülse vom Kaliber .222 Remington besteht. Wenn beim metrischen System ein Buchstabe auf die Zahl folgt, wie beispielsweise 9,3x74R, steht das R für Rand und weist darauf hin, dass die Patrone einen Rand und keine Ausziehrille hat. Bei der amerikanischen Methode steht der Buchstabe oft als Abkürzung für den Erfinder der Munition. Das R. steht für Remington und das W. für Winchester.

Die ganze Geschichte einer Epoche mit allen ihren tragischen Ereignissen ist auf diesem außergewöhnlichen Gewehr zusammengefasst, das für den französischen Waffenfabrikanten Jacky Brusson hergestellt wurde. Die Porträts von Ludwig XVI. und Marie Antoinette auf den Schloss-Platten, die Flucht aus Varennes, der Märtyrertod des Königs und die Bourbonenlilien wurden in über 700 Stunden Hand-

arbeit vom Graveur Freycon eingraviert. Die Fertigstellung der Waffe wurde Georges Grangier anvertraut. Die Querwaffe mit Seitenschloss von Holland & Holland verfügt über einen patentierten Aiglon-Verschluss, der 1913 von Aimé Cœur Tyrod entwickelt wurde.

HISTORISCHE WAFFEN

Historische Waffen werden von den Sammlern am meisten geschätzt. In Deutschland beispielsweise gelten alle vor 1871 gebauten Waffen als historisch. Sie dürfen dort deshalb dort im Originalzustand, das heißt voll funktionsfähig, erworben und aufbewahrt werden, soweit sie einschüssig sind.

Eine historische Waffe ist keineswegs, wie manche vielleicht annehmen werden, eine einfache Konstruktion aus Holz und Metall. Sie stellt vielmehr ein Stück des geschichtlichen und kulturellen Erbes einer Nation dar. Vor allem ist sie aber ein Zeuge der Geschichte. Geschichte besteht ja nicht nur aus Siegen und Eroberungen, sondern auch aus Niederlagen, Freude und Tränen gleichermaßen.

Der Waffensammler ist nicht nur ein Waffenliebhaber, er ist vor allen Dingen ein Liebhaber der Geschichte. Der Liebhaber historischer Waffen muss umfassend informiert sein, wenn er sich keinen Ladenhüter andrehen lassen will, was leider immer wieder vorkommt.

Der Erwerb der Waffe ist der krönende Abschluss langwieriger Recherchen. Der Sammler fängt an mit Fachbüchern, besucht Archive und Museen, bevor er sich schließlich an einen Fachhändler wendet oder an einer Auktion teilnimmt. Aber welches Glück, wenn dann endlich das lang ersehnte Stück bei seinem neuen Besitzer ist und er es in den Händen hält!

Oben: Deutsche Büchse mit Radschloss aus dem Jahr 1595
Unten: Kleine österreichische Büchse mit Radschloss aus dem 17. Jahrhundert

Infanteriegewehr Modell 1728
Kaliber: 17,5 mm
Gewicht: 4,1 kg
Gesamtlänge: 1590 mm

Gewehr der kaiserlichen Garde
Infanteriemodell 1777
Kaliber: 17,5 mm
Gewicht: 4,6 kg
Gesamtlänge: 1520 mm

Infanteriegewehr Modell 1822 T40
Kaliber: 18 mm
Gewicht: 4,2 kg
Gesamtlänge: 1470 mm

Infanteriegewehr Modell 1867 (in einen Hinterlader umgewandeltes älteres Gewehr)
Kaliber: 17,8 mm
Gewicht: 4,5 kg
Gesamtlänge: 1420 mm

Perfekte Markierung von „Jourjon" und Stempel von Saint-Etienne auf dem Schloss. Lauf mit interessanter Stempelung auf der linken Seite. Hübscher Schaft in Kuhfußform. Seltene Waffe.

Mit diesem Gewehr wurden sowohl die Grenadiere zu Pferd als auch die Artilleristen und die Pioniere ausgestattet. Schloss mit einer perfekten Markierung von Versailles und Stempel von Niçaise. Alle Beschläge aus Bronze. Abzugsbügel etwas stärker als der bei den anderen Korps benutzte. Kolben hinten mit blumenartigen Verzierungen. Verschluss hinten deutlich markiert mit M 1777. Graues Metall mit leichten Rostnarben an einigen Stellen, Schaft geblattet. Äußerst seltene Waffe.

Umstellung auf Perkussionssystem durch Hauptmann Arcellin (erste Umstellung auf Perkussionssystem). Metall hochglanzpoliert. Lauf mit klarer Kennzeichnung des Kalibers, Verschluss mit deutlicher Jahreszahl. Schloss mit Markierung der Königlichen Manufaktur von Tulle. Schönes Holz mit Stempel der Reparaturwerkstatt von Saint-Etienne von 1865. Im Einsatz bis zum Ende des Zweiten Französischen Kaiserreichs als Bewaffnung in den rückwärtigen Gebieten. Diese Waffe könnte viele Geschichten erzählen.

Schloss mit deutlicher Markierung „Kaiserliche Manufaktur von Tulle", Lauf mit zahlreichen Inspektionsstempeln. Schaft mit Stempel „Oktober 1866". Die Waffe wurde 1866 hergestellt und sofort in einen Hinterlader umgewandelt. Aus dieser Tatsache erklärt sich der außergewöhnlich gut erhaltene Zustand. Es wird angenommen, dass sie nie einen Schuss abgefeuert hat.

Perkussionsgewehr
Kaliber: 15 mm
Gesamtlänge: 1410 mm

US-Hinterlader von Hall, Modell 1819 (1838 modernisiert)
Kaliber: .52 mit gezogenem Lauf
Gesamtlänge: 1340 mm

Russischer Perkussionsstutzen, Modell 1843
Gesamtlänge: 1180 mm

Belgische Tersen-Büchse 1848/1868
Kaliber: 11 mm
Gesamtlänge: 1280 mm

VERSCHIEDENE MODELLE

Gewehr mit Meistermarke von „Lavanit", 1855 als Büchsenmacher in Senlis registriert. Vorzüglicher Lauf mit haarfeinen Zügen. Graues Metall, Visier einstellbar, Präzisionskimme. Pistolengriffschaft in erstklassigem Zustand, ganzgeschäftet, jedoch ohne Vorrichtung für Ladestock. Schnabelförmiges Schulterstück. Der Ladestock wurde separat mitgeführt. Bei Scheibenwaffen war dies häufig der Fall.

Steinschlossgewehr aus der zweiten Produktionsreihe. Ausgezeichneter Stahl für eine Waffe dieser Art, in originalem Finish mit nur einigen wenigen Stellen von Flugrost. Lauf innen zum Teil spiegelblank mit sehr gut erhaltenen Zügen. Kennzeichnung gut lesbar. Holz patiniert und noch original, lediglich der Ladestock ist nicht von diesem Modell. Von 1817 bis 1840 hat Hall 19 680 Gewehre hergestellt. Sie wurden 1819 mit Steinschloss vom Heer der Vereinigten Staaten übernommen. Schloss ist entnehmbar und als Pistole zu gebrauchen!

Modell mit zugehörigem Bajonett. Hergestellt von J.-P. Malherbe in Lüttich, verfügt der Stutzen über gut lesbare Markierungen auf dem Schloss. Registriernummer und Stempelung des Doppeladlers auf der Schaftkappe. Der Lauf aus Damaststahl hat zwar seine Farbe verloren, alle Metallteile sind aber in gutem Zustand. Schaft patiniert mit gut erhaltenen Stempeln, Reste der Politur vorhanden. Die Klinge des Bajonetts ist stark oxidiert. Modell nach dem Vorbild der englischen Waffen von Brunswick mit zwei tiefen Zügen.

Diese Waffe entstand aus einer umgebauten Zündnadelbüchse von 1848. Einteiliger Holzschaft, neuer Lauf mit einem Mittelring und einem Oberring am Schaft befestigt. Ladestock unter dem Lauf. Schloss rechts als Ergebnis des Umbaus auf Perkussionsschloss. Gehäuse, Schloss und Verschluss aus Stahl, etwas Patina, sehr gut erhalten. Lauf zu 70% brüniert. Lauf innen spiegelblank mit ausgezeichneten Zügen. Gute Stempel.

Doppelläufiges Gewehr korsischer Grenadiere
Kaliber: 17,5 mm
Gewicht: 4,5 kg
Gesamtlänge: 1210 mm

Jagd- und Scheibenbüchse
Plains Rifle WM Read Boston
Kaliber: 9,5 mm
Gesamtlänge: 1160 mm
Länge des runden Laufs: 787 mm

Sharps Modell 1853 Sporting Rifle
Kaliber: .45 für Papierpatronen
Gewicht: 3,6 kg
Länge des achteckigen Laufs: 660 mm
Gesamtlänge: 1065 mm

Zündnadelgewehr
Dreyse-Karabiner der preußischen Kavallerie,
Modell 1857
Gesamtlänge: 805 mm

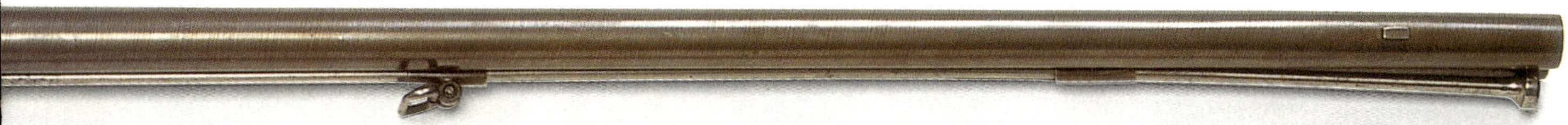

Modell von 1850. Hergestellt in Saint-Etienne als eines von wenigen Exemplaren. Der Lauf aus Damast ist etwas hell, weil die Brünierung abgegriffen ist. Klare Schlossmarken und blank poliert. Die Hähne mit ihrer charakteristischen Form haben noch ihre Marmorierung (Bunthärtung). Schöner Hinterschaft mit Streifenmaserung. Komplett mit Ladestock. Sehr seltene Waffe.

Brünierter Lauf, nach den ersten 255 mm von Achtkant auf rund übergehend. Lauf innen zum Teil spiegelblank, sehr schön mit hervorragenden Zügen. Sehr wenig Oxidation. Schlossblech mit Gravuren von Flugwild und Blumenmotiven. Gute Marken. Das Tunnelkorn ist nicht immer üblich, außer bei Scheibenwaffen, einstellbarer Diopter. Schön patiniertes Holz mit Messingbeschlägen. Waffe in diesem Zustand und Aussehen selten. Sie wurde von Robert Redford in dem Film Jeremiah Johnson getragen. Patchbox im Hinterschaft eingearbeitet.

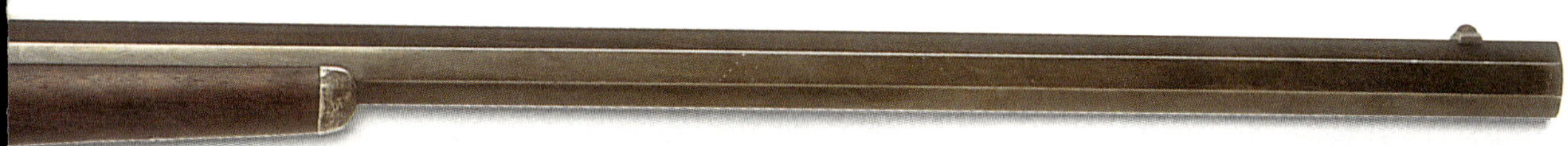

Es handelt sich um das Sharps „Buffalo-Gewehr" mit deutschem oder Doppelzüngelstecher. Lauf mit 25 mm an der Mündung sehr dick. Kasten aus grauem Stahl mit leichten Resten von Oxidation. Gezogener Achtkantlauf mit leicht angegriffener Brünierung. Hinter- und Vorderschaft patiniert. Beschläge und Schaftkappe aus Eisen. Vorderschaftabschluss aus Neusilber. Patchbox im Hinterschaft eingearbeitet. Seltenes Stück.

Sehr kurze Waffe. Poliertes Metall, ein wenig Oxidation in Form von Rostporen. Lauf innen teilweise spiegelblank mit etwas Oxidation und erstklassigen Zügen. Kennzeichnungen lesbar. Deutliche Stempel. Holz sehr gesund mit nur wenigen Spuren der Benutzung.

J. PURDEY & SONS
J. PURDEY & SONS

JAGDWAFFEN

Bei vielen Völkern zeichnete sich der freie Mann dadurch aus, dass er eine Waffe tragen durfte. Die Jäger, Nachkommen dieser stolzen Vorfahren, setzen diese Tradition fort.

Die ersten doppelläufigen Jagdwaffen erschienen zwar schon im 16. Jahrhundert, aber erst im 18. Jahrhundert ermöglichte das Verfahren des Lötens die serienmäßige Herstellung doppelläufiger Gewehre. Eine wirkliche Revolution bei den Mechanismen wurde durch die Entwicklung der Pottet-Patrone mit Zentralzündung, der Zündstiftpatrone durch Casimir Lefaucheux und des Zündnadelschlosses von Dreyse ausgelöst.

Die große Anzahl von Erfindungen auf dem Gebiet der Mechanik von 1852 bis 1880, hat zum Anfang dieses Jahrhunderts die Familie der Jagdgewehre geprägt. Sie zeichnet sich durch eine besondere Vielfalt an unterschiedlichen Modellen aus. Während bei den militärischen Waffen der Trend dahin ging, die Vielfalt zugunsten einer Universalwaffe aufzugeben, blieben die Jagdwaffen in allen ihren Variationen erhalten. Die verschiedenen Typen sind jeweils für die Jagd auf bestimmtes Wild spezialisiert. Die Vielzahl der angebotenen Modelle hat also durchaus ihren Sinn.

Die Jagdwaffen lassen sich in zwei große Klassen unterteilen: Jagdbüchsen und Jagdflinten. Daneben gibt es noch eine dritte Klasse: Waffen, die gleichzeitig über glatte und gezogene Läufe verfügen.

Bei solchen Kombinationen von Büchsen- und Flintenläufen sprechen wir von so genannten kombinierten Waffen.

Seitenschlossflinten des englischen Büchsenmachers Purdey, mit nebeneinander liegenden Läufen und doppeltem Abzug, Sicherung am Schafthals. Englischer Schaft mit Fischhaut und Vorderschaft. Gravur mit Arabesken.

Es gab Zeiten, da verstand man unter einem Jagdgewehr nur eine Waffe mit gezogenem Lauf. Heute sieht es allerdings anders aus. Das Jagdgewehr kann auch einen glatten Lauf haben und Schrote verschießen. Verwendet wird die Schrotflinte in der Regel für die Jagd auf Klein- und Flugwild.

Die Jagdgewehre lassen sich in verschiedene Klassen einteilen. Das klassische Jagdgewehr ist das Kipplauf-Gewehr mit zwei nebeneinanderliegenden Läufen (Querflinte oder Doppelbüchse). Daneben gibt es auch die Modelle mit zwei übereinanderliegenden Läufen (Bockgewehre). Seit etwa dreißig Jahren hat sich das Bockgewehr immer mehr durchgesetzt.

Merkel Modell 117 E
Querflinte
Kaliber: 20/70
Gewicht: 2,8 kg
Gesamtlänge: 1140 mm
Lauflänge: 710 mm

Schlosstyp Anson & Deeley, Greener-Verschluss mit Doppelriegel, seitliche Ladeanzeiger, Abzugssicherung, Doppelabzug. Schaft aus Nussbaumholz, Fischhaut auf Pistolengriff und Vorderschaft, Pistolengriff mit Kappe. Tierstückgravur mit Arabesken, Umrandung und gravierten Schrauben.

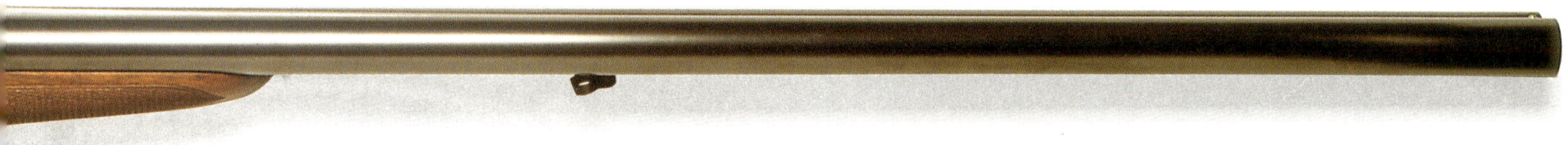

Beretta 626 E
Querflinte
Kaliber: 12/70
Gewicht: 3 kg
Gesamtlänge: 1140 mm
Lauflänge: 710 mm

Handelsübliche Doppelflinte mit Maschinengravur.

Aus rein technischer Sicht ist es in der Tat einfacher, ein Bockgewehr zu bauen. In der dritten Klasse der Kipplaufwaffen finden wir das einschüssige Gewehr. Der große Nachteil bei dieser Waffe ist natürlich, nach jedem Schuss erst nachladen zu müssen. Dafür haben die einschüssigen Waffen den Vorteil, dass sie recht leicht und einfach zu bedienen sind, was sie ganz besonders für Anfänger geeignet macht. Eine weitere Klasse bilden die automatischen, oder genauer gesagt, die halbautomatischen Waffen. Sie sind nicht bei allen Jägern beliebt; ihnen wird vorgehalten, oft an Jagdunfällen schuld zu sein. Außerdem ist der ökologisch eingestellte Jäger der Meinung, dass er heutzutage keine leeren Hülsen mehr zurücklassen sollte. Benutzt man aber ein automatisches Gewehr, verbringt man mehr Zeit mit dem Suchen der verschossenen Hülsen als bei jedem anderen Gewehr.

P. Beretta

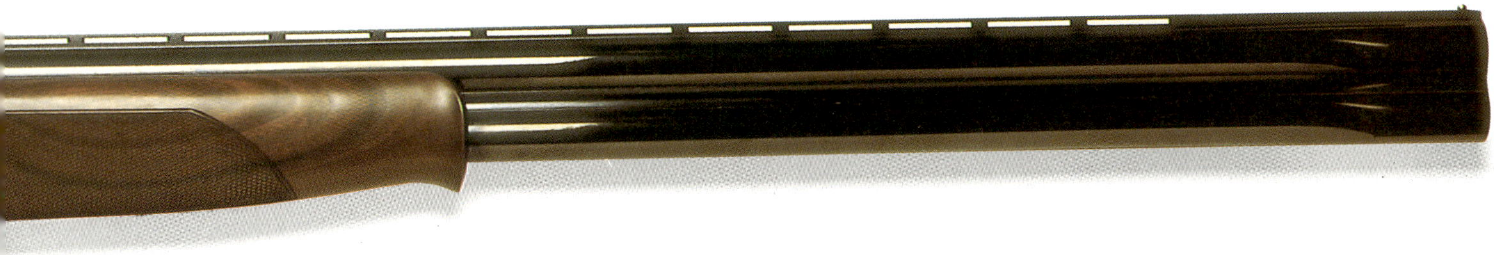

Browning 325 Chasse
Bockdoppelflinte
Kaliber: 12/70
Gewicht: 3,3 kg
Gesamtlänge: 1150 mm
Lauflänge: 710 mm

Sehr gut ausgeführte Waffe. Stahlbasküle aus einem Stück geschmiedet mit Altsilber-Oberflächenbehandlung. Selektiver, einstellbarer und vergoldeter Einabzug. Schaft aus Nussbaumholz mit Pistolengriff.

Beretta 686 Ultra Light
Bockdoppelflinte
Kaliber: 12/70
Gewicht: 2,6 kg
Gesamtlänge: 1075 mm
Lauflänge: 710 mm

Leichtere Version des Modells 686, mit schwarzer Basküle aus Leichtmetall-Legierung (Ergal). Läufe aus Nickelchrom-Molybdän-Edelstahl, innen verchromt. Automatische Ejektoren und ventilierte Laufschiene. Wegen des geringen Gewichts „schlägt" die Waffe stark. Daher ist es ratsam, eine Gummikappe an den Schaft montieren zu lassen.

Ferlib Modell FV
mit Schloss von Holland & Holland
Querflinte
Kaliber: 12/70

Diese Seitenschloss-Doppelflinte stammt von dem italienischen Hersteller Ferlib. 1952 gegründet, hat sich Ferlib auf Querflinten mit Schloss von Holland & Holland oder Anson & Deeley de luxe spezialisiert.

Piotti Modell King Nr. 2
Querflinte
Kaliber: 12/70
Gewicht: 3,1 kg

Seitenschloss-Doppelflinte mit Ejektoren, die jeden Liebhaber schöner Waffen überzeugt. Herausnehmbare Schlosse. Die gesamte Basküle ist graviert. Schaft aus Nussbaumholz der höheren Preisklasse.

Einlaufflinte von Manufrance, Modell Simplex
Kaliber: 12/70
Gewicht: 2,9 kg
Gesamtlänge: 1210 mm
Lauflänge: 800 mm

Einlaufflinte von Harrington & Richardson, Modell „Turkey Mag"
Kaliber: 12/76
Gewicht: 2,4 kg
Gesamtlänge: 1020 mm
Lauflänge: 560 mm

Beretta A 304
Selbstladeflinte
3–5 Schuss (je nach gesetzlichen Bestimmungen)
Kaliber: 12/70
Gewicht: 3 kg
Gesamtlänge: 1200 mm
Lauflänge: 710 mm

Verney-Carron Luxor Slug
Selbstladeflinte
3 Schuss (5 auf Wunsch)
Kaliber 12/70
Gewicht: 3 kg
Lauflänge: 610 mm

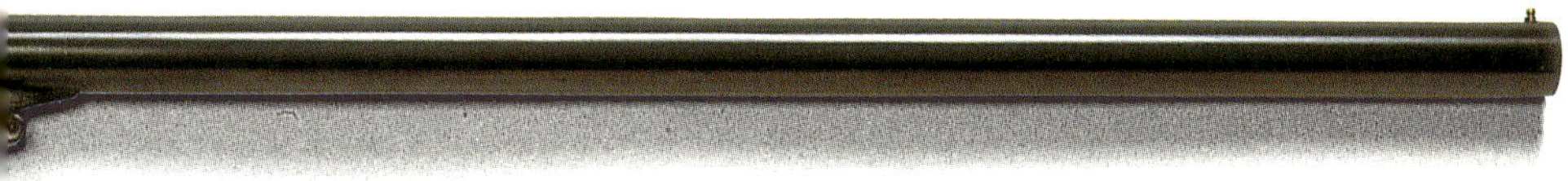

Flinte mit Kipplauf aus der bekannten Waffenmanufaktur von Saint-Etienne. Bewährte Waffe von überzeugender Robustheit.

Simple und extrem robuste Waffe, daher in besonderem Maße für Anfänger geeignet. Tarnung vom Typ „Mossy Oak". Automatischer Ejektor.

FLINTEN

Einschüssige Flinten
Halbautomatische Flinten

Extrem leichte halbautomatische Flinte, Funktion durch Gasdruck. Gehäuse aus spezieller Legierung mit Rollgravur. Erhältlich mit festen oder austauschbaren Chokes.

Lauf aus kaltgeschmiedetem „Super-Diamant"-Chrom-Molybdän-Stahl. Gehäuse aus spezieller, hoch widerstandsfähiger Leichtmetall-Legierung. Doppelte Sicherung. Visier in Höhe und Seite verstellbar, Rampenkorn. Die Waffe ist für das Präzisionsschießen geschaffen, kann aber auch für das Flüchtigschießen eingesetzt werden.

Der Begriff „Büchse“ bezieht sich auf Waffen mit einem oder mehreren gezogenen Läufen. Sie sind ganz besonders geeignet für die Jagd auf Schalen- und Großwild. Unterteilt werden die Büchsen in die gleichen Kategorien wie die Jagdflinten. Für mehrläufige Kipplaufbüchsen wurde früher oft der Begriff „Express“ benutzt. Bei diesen Kipplaufbüchsen wird dann noch zwischen Waffen mit nebeneinander liegenden und übereinander liegenden Läufen unterschieden. Der Begriff „Express“ wurde zunächst nur für die Kipplaufbüchsen der englischen Firma Purdey (Express Train) benutzt. Aufgenommen wurde der Begriff später von den Patronenherstellern Eley und Kynoch. Dort wurde er für Patronen für die Großwildjagd, wie beispielsweise die 600 Nitro-Express, benutzt. Später fand das Wort Eingang in die französische Umgangssprache als Bezeichnung für doppelläufige Büchsen allge-

Kipplaufbüchse Blaser K 77 Luxus mit Munition 6x62 Frères
Kaliber: 6x62 R Frères
Gewicht: 2,7 kg
Gesamtlänge: 1300 mm
Lauflänge: 600 mm

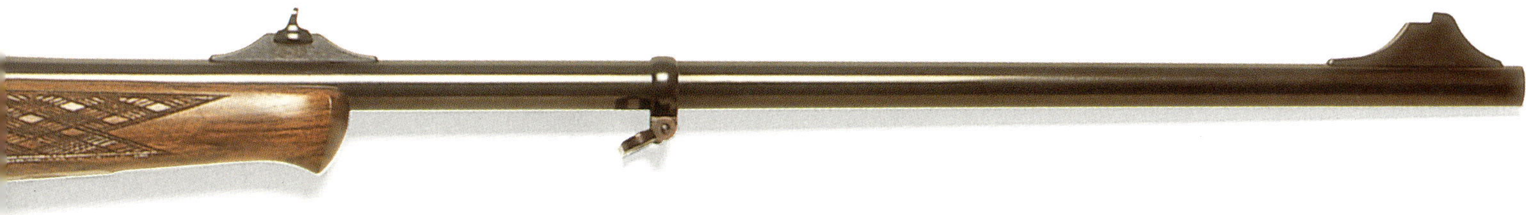

mein. Die Kipplaufbüchsen mit nebeneinander liegenden und übereinander liegenden Läufen sind sehr teure Waffen, weil die Herstellung äußerste Sorgfalt verlangt.

Die Repetierbüchsen, die mehrere Patronen aus einem Magazin verschießen können, sind wesentlich einfacher herzustellen als die Kipplaufbüchsen und dennoch ausgesprochen robust. Sie sind populärer als alle anderen Büchsen. Bei den einschüssigen Kipplaufbüchsen handelt es sich stets um luxuriöse Waffen. Als letzte Klasse gibt es schließlich auch bei den Büchsen noch halbautomatische Waffen, die eigentlich nur durch ihre Feuergeschwindigkeit überzeugen.

Die Blaser K 77 ist ein Kipplaufmodell, das sich durch sein geringes Gewicht und seine überzeugende Handlichkeit auszeichnet. Die Waffen von Blaser sind alle nach dem gleichen Prinzip konstruiert. Dank des Sicherheits-Handspannersystems kann die Waffe entspannt (und dennoch geladen) mitgeführt werden. Sie lässt sich geräuschlos spannen, indem der Spannschieber nach vorn geschoben wird. Bei der hier gezeigten Luxusversion ist die gesamte Basküle mit eingravierten Szenen aus dem Tierreich verziert. Der Schaft besteht aus sorgfältig ausgewähltem Nussbaumholz.

Bockdoppelbüchse von Zoli
Kaliber: 7x65R
Gewicht: 3,4 kg
Gesamtlänge: 1080 mm
Lauflänge: 650 mm

Bockdoppelbüchse mit Fluchtvisier von Verney-Caron, Modell Traqueur
Kaliber: 9,3x74R
Gewicht: 3,3 kg
Gesamtlänge: 950 mm
Lauflänge: 510 mm

Doppelbüchse von F.W. Heym, Modell 88B
Kaliber: 7x65R
Gewicht: 3,6 kg
Gesamtlänge: 1060 mm
Lauflänge: 635 mm

Doppelbüchse von Chapuis, Modell Chambord
Kaliber: 9,3x74R
Gewicht: 3,3 kg
Gesamtlänge: 1040 mm
Lauflänge: 600 mm

Eine Waffe des renommierten italienischen Herstellers Zoli, dessen Vorfahren bereits am Anfang des 15. Jahrhunderts Waffen herstellten. Lauf aus Edelstahl, durchgehende Laufschiene mit Visier. Verschluss vom Typ Purdey. Basküle aus Stahl, Altsilber-Oberfläche mit tiefgestochenen Jagdgravuren. Schaft aus ölgeschliffenem Nussbaumholz mit Gummikappe.

Eine Waffe mittlerer Qualität. Basküle aus vergütetem Stahl. Das Fluchtvisier für die Drückjagd ist höhenverstellbar und verfügt über eine eingearbeitete Zielfernrohrschiene, Doppelabzug. Schaft mit „Schweinsrücken", Monte-Carlo-Backe, Pistolengriff und handgeschnittener Fischhaut.

BÜCHSEN

Klassische Doppelbüchse mit nebeneinander liegenden Läufen. Basküle aus Stahl mit doppelter Laufhakenverriegelung und Greener-Verschluss, Schiebesicherung. Vorderer Abzug mit Rückstecher. Der Lauf besteht aus kaltgehämmertem Krupp-Spezialstahl. Schaft aus gemasertem Nussbaumholz.

Eine Waffe des bekannten Herstellers aus Saint-Etienne. Lauf aus Edelstahl, mit Laufschiene und Visier für die Drückjagd mit Leuchtkorn. Eine präzise und handliche Waffe. Schaft aus Nussbaumholz ohne Backe, mit Pistolengriff. Tropfnasenabschluss am Vorderschaft, handgeschnittene Fischhaut. Englische Gravuren mit Blumenmustern, Basküle mit Altsilber-Oberfläche.

Kipplaufbüchse Scheiring
Kaliber: 6x62 Frères
Gewicht: 2,8 kg

Kipplaufbüchse Borovnik
mit Zielfernrohr Habicht 2,2-9x42 R4
Kaliber: 6,5x65 R
Gewicht: 3,4 kg

Selbstladebüchse Browning BAR
2. Generation
Modell Treibjagd 22
Magazin mit 2 Schuss

Kaliber: 7 mm RM (Remington Magnum)
Gewicht: 3,4 kg
Gesamtlänge: 1110 mm
Lauflänge: 550 mm

Selbstladebüchse Remington
Modell 7400
Magazin mit
2 Schuss

Kaliber: .280 Remington
Gewicht: 3,4 kg
Gesamtlänge: 1067 mm
Lauflänge: 559 mm

BÜCHSEN

Einschüssige Büchsen
Halbautomatische Büchsen

Waffe mit Öffnerhebel und Verriegelung unter dem Abzugsbügel. Diese spezielle Einrichtung bietet besonders große Sicherheit, weil der Schuss nur dann abgefeuert werden kann, wenn der Hebel vollständig geschlossen ist. Schaft in bayerischer Form und Vorderschaft aus Nussbaumwurzelholz. Schöne Gravuren auf dem Vorderschaft.

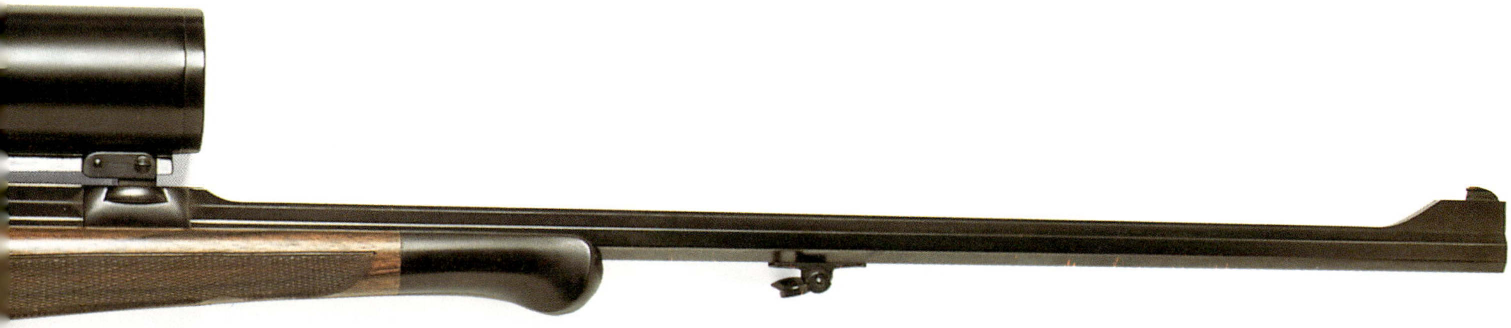

Luxuriöse Waffe mit achteckigem Lauf und Blitz-Schloss. Kleine, flache Basküle. Schaft aus Nussbaumwurzelholz mit Kaisergriff-Pistolengriff sowie Büffelhorn-Abschluss am Vorderschaft. Bayerische Backe. Gravur mit Jagdmotiv und deutschem Stecher.

Berühmte halb automatische Waffe mit Gasdruckladesystem. Rotierendes Verriegelungssystem mit sieben Zapfen, Stellschraube für Gasentnahme. Ausgestattet mit Visierschiene für die Drückjagd und rot leuchtendem Korn, erlaubt schnelles Zielen und instinktives Schießen. Montage eines Zielfernrohrs möglich. Druckknopfsicherung im Abzugsbügel hinter dem Abzug. Schaft aus matt lackiertem Nussbaumholz.

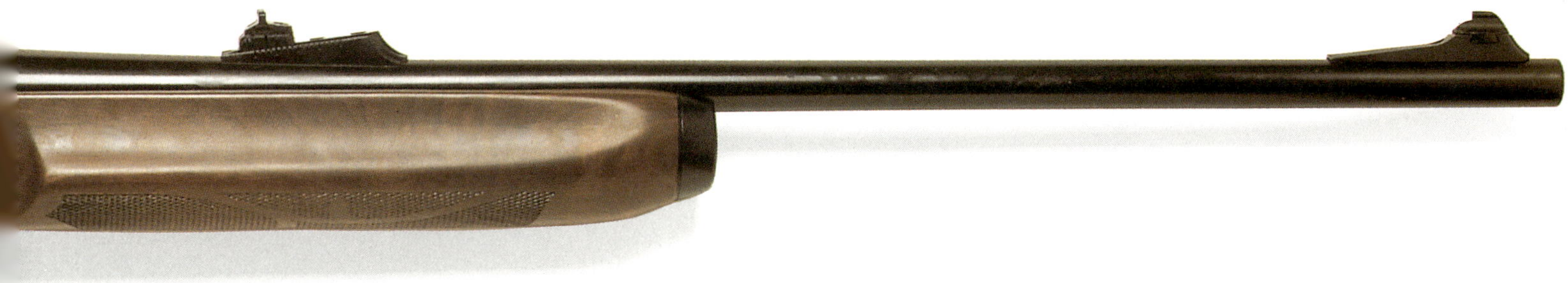

Halb automatische Büchse mit Gasdruckladesystem. Visier höhen- und seitenverstellbar. Monte-Carlo-Schaft.

Kettner-Repetierbüchse L83
Allwetter
Magazin mit 5 Schuss
Kaliber: 7x64

Gewicht: 3,4 kg
Gesamtlänge: 1140 mm
Lauflänge: 600 mm

Remington-Stutzen Modell
SEVEN
4 Schuss
Kaliber: 7 mm 08 Remington

Gewicht: 2,9 kg
Gesamtlänge: 960 mm
Lauflänge: 470 mm

Browning Drückjagdbüchse
Magazin mit 3 Schuss Kaliber:
8x68S

Gewicht: 3 kg
Gesamtlänge: 1115 mm
Lauflänge: 600 mm

Tikka Drückjagdbüchse

Gewicht: 3,6 kg
Gesamtlänge: 1190 mm
Lauflänge: 650 mm
Verschiedene Kaliber möglich.

Allwetter-Repetierer mit Verschluss und Lauf von Zastava, montiert auf einem stoßfesten und bruchsicheren Kunststoffschaft. Direktabzug. Abnehmbare Riemenbügel.

Kompakter Repetierer mit kurzem Verschluss und Direktabzug. Auch mit Schaft aus kevlarverstärkter Glasfaser erhältlich.

Büchse mit auswechselbaren Bauteilen. Dank der austauschbaren Läufe kann das Kaliber schnell gewechselt werden. Monte-Carlo-Schaft aus Nussbaumholz.

Sehr robuste finnische Waffe, Verriegelung mit drei Verriegelungswarzen. Flintenabzug. Schaft aus Nussbaumholz.

Koschat-Bockdrilling
mit Zielfernrohr Zeiss Diavari Z 1,5-6x42
Kaliber: 7x65 R-5, –5,6x50RM– 6x50-20/76
Gewicht (ohne Zielfernrohr): 4 kg
Lauflänge: 610 mm

Doppelbüchs-Drilling Borovnik mit
Zielfernrohr S & B 1,25-4x20 Absehen 4
Kaliber: 9,3x74 R-20/76
Gewicht (ohne Zielfernrohr): 3,1 kg
Lauflänge: 600 mm

Die kombinierten Waffen sind aufgrund ihrer Bauweise für verschiedene Jagdarten geeignet. Sie verfügen über eine Kombination aus glatten und gezogenen Läufen. Oft sind sie künstlerisch sehr aufwendig gestaltet, woraus sich auch ihr hoher Preis erklärt. Spezialisiert auf den Bau dieser Waffen sind deutsche und österreichische Hersteller.

Doppelbüchs-Drillinge verfügen über zwei gezogene Läufe und einen glatten Lauf. Normalerweise für die Jagd auf Schalenwild prädestiniert, lassen sie sich aber auch für die Jagd auf Niederwild einsetzen.

Bergstutzen: Hierbei handelt es sich um leichte Kipplaufwaffen mit zwei unterschiedlichen Büchsenkalibern, besonders geeignet für die Jagd im Gebirge. Die Bergstutzen verfügen über zwei Läufe unterschiedlichen Kalibers. Die Läufe können übereinander oder nebeneinander liegen.

Büchsflinten verfügen über einen glatten und einen gezogenen Lauf. Sie liegen übereinander oder nebeneinander. Büchsflinten werden für verschiedenste Jagdarten auf unterschiedlichstes Wild verwendet.

Drillinge sind äußerst vielseitige Waffen. Sie verfügen meistens über zwei glatte Läufe und einen gezogenen Lauf. Die glatten Läufe liegen fast immer nebeneinander, der gezogene Lauf liegt unter oder über den glatten Läufen. In seltenen Fällen kommt es vor, dass die drei Läufe übereinander liegen.

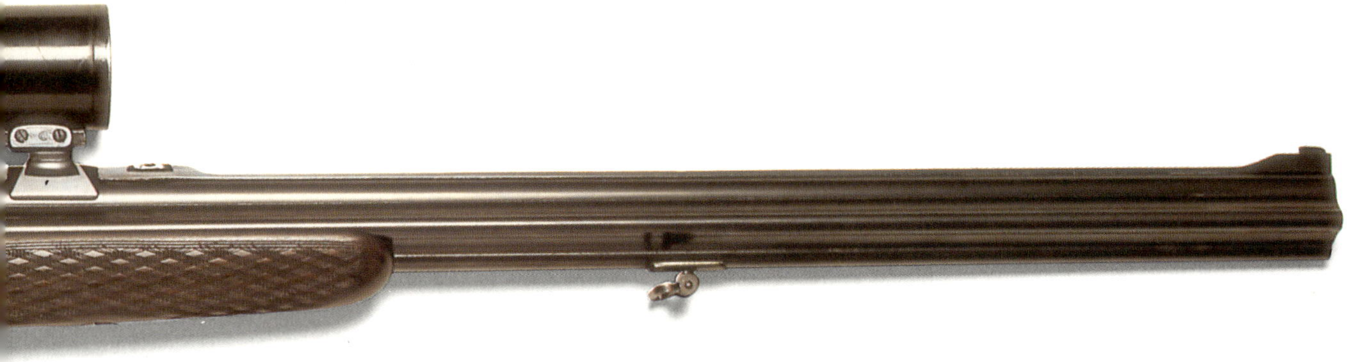

Die beiden gezogenen Läufe (Kaliber 9,3x74R) liegen nebeneinander, der glatte Lauf (Kaliber 20/76) ist darunter angeordnet. Die Läufe bestehen aus einem Spezialstahl, der außerordentlich druckfest ist. Somit lässt sich die Materialstärke der Läufe und damit auch das Gewicht der Waffe reduzieren. Schaft in bayerischer Form aus Nussbaum. Gravur mit Jagdmotiv.

Bockdrillinge verfügen über drei Läufe: einen glatten Lauf und zwei gezogene Läufe unterschiedlichen Kalibers. Normalerweise liegen die Läufe übereinander. Es kommt auch vor, dass einer der Läufe seitlich versetzt liegt.

Vierlinge verfügen über vier Läufe: zwei glatte Läufe gleichen Kalibers und zwei gezogene unterschiedlichen Kalibers. Sie haben den gleichen Einsatzzweck wie die Drillinge, bieten aber die Möglichkeit, das Kaliber noch besser an das Wild anzupassen. Ihr großer Nachteil besteht in ihrem immensen Gewicht und der Schwierigkeit, die Büchsläufe zum „Zusammenschießen" zu bringen.

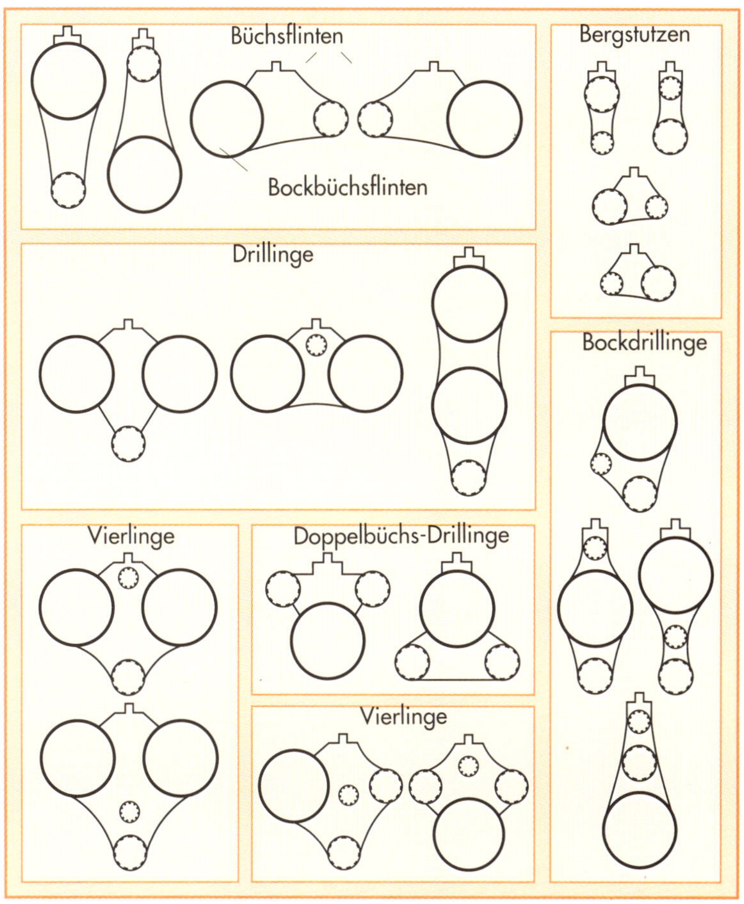

Bockbüchsflinte Blaser
Modell 700/88 Ausführung Prestige
Kaliber: 12/70-7x65 R
Gewicht: 2,8 kg
Gesamtlänge: 1030 mm
Lauflänge: 600 mm

Diese Bockbüchsflinte wird seit mehr als 30 Jahren produziert und wurde im Lauf der Zeit kontinuierlich weiterentwickelt. Sie gehört zur Elite auf dem Gebiet der kombinierten Waffen. Der glatte Lauf (Kaliber 12/70) liegt oben, während der gezogene Lauf (Kaliber 7x65 R) darunter angeordnet ist. Der Spannschieber befindet sich auf dem Kolbenhals.

Bergstutzen Scheiring Düsel
mit Zielfernrohr Habicht 2,2-9x42 Abs. 4
Kaliber: 7 mm Remington Magnum 5,6x50 RM
Gewicht: 3,7 kg
Gesamtlänge: 1025 mm
Lauflänge: 600 mm

Leichte und handliche Waffe, besonders für die Jagd im Gebirge geeignet.

BOCKBÜCHSFLINTEN UND BERGSTUTZEN

Bockbüchsflinte Ultra 12
Kaliber: 12/70-9,3x74 R
Gewicht: 2,8 kg
Gesamtlänge: 1040 mm
Lauflänge: 635 mm

Kombinierte Waffe höchster Qualität, Zwei-Schloss-Handspannersystem, ventilierte Laufschiene, Basküle mit Altsilber-Oberfläche und Gravur „Kleines Jagdstück".

Blaser-Bergstutzen 750/88 Ausführung Prestige
Kaliber: 7x65 R-5,6x50 R Magnum
Gewicht: 3,1 kg
Gesamtlänge: 1030 mm
Lauflänge: 600 mm

Dieser Bergstutzen kombiniert zwei Läufe unterschiedlicher Kaliber. Der obere Lauf ist auf Patronen 5,6x50 R Magnum ausgelegt, während der untere Lauf Munition des Kalibers 7x65 R verschießt. Der vordere Abzug ist dem größeren Lauf zugeordnet, während der hintere den kleinen Lauf auslöst.

1
2
3
4
5
6
gamo
Cal. 4,5 (.177)
500 aprox.

FREIZEITWAFFEN

Waffen haben schon seit frühesten Zeiten eine Faszination auf den Menschen ausgeübt.

In unserer hochtechnisierten, reglementierten Gesellschaft, die durch die gnadenlosen Gesetze der freien Wirtschaft bestimmt wird, verwirklichen sich die Träume des einzelnen vom Besitz oder Gebrauch einer Waffe in der Regel über Romane, Filme oder das Fernsehen. Waffen haben eine enorme Anziehungskraft, denn sie ermöglichen dem Schützen, sei es nun als Freizeitbeschäftigung, im Schützenverein oder im Wettbewerb, die totale Selbstbeherrschung zu erlernen. So schrieb bereits Hauptkommissar Raymond Sasia, ehemaliger Leiter des nationalen Schießausbildungszentrums der französischen Polizei, in seinem Buch *Le Tir Rapide* (Schnellfeuer): „Das Schießen ist an sich eine Schule für alle Lebenslagen: Die Achtung vor der Bewegung ist zum einen die Wahrung der äußeren Form und die Sicherheit, dass auch das Wesentliche, das heißt der Geist, gewahrt bleibt. Schießen bedeutet nicht verwunden oder töten, es heißt sich selbst überwinden, um völlige Präzision zu erreichen, trotz Schwerfälligkeit, Müdigkeit, Verwirrung, Nähe, Leichtigkeit".

Die Freizeitwaffen stellen eine Waffengattung dar, die keine Ansprüche erhebt und in erster Linie dazu dient, den Anfänger in das Schießen einzuführen. Es handelt sich um Waffen für jeden Geldbeutel, die relativ einfach zu unterhalten und zu betätigen sind. Mit ihnen kann man auch unter Freunden im Schützenverein nur zum Spaß das Schießen üben, ohne gleich an Wettkämpfe zu denken.

DIANA
Top

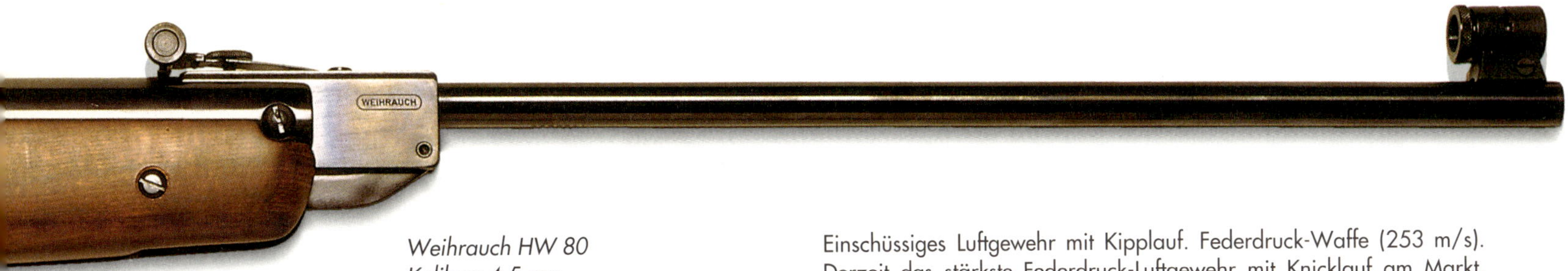

Weihrauch HW 80
Kaliber: 4,5 mm
Gewicht: 4 kg
Gesamtlänge: 1150 mm
Lauflänge: 500 mm

Einschüssiges Luftgewehr mit Kipplauf. Federdruck-Waffe (253 m/s). Derzeit das stärkste Federdruck-Luftgewehr mit Knicklauf am Markt. Höhen- und seitenverstellbares Mikrometervisier, regulierbarer Abzug. Prismenschiene für Montage eines Zielfernrohrs. Schaft mit Schaftbacke, Pistolengriff mit Fischhaut und Gummischaftkappe.

Diana Modell 28
Kaliber: 4,5 mm
Gewicht: 3,1 kg
Gesamtlänge: 1090 mm
Lauflänge: 440 mm

Einfache Luftgewehrausführung – kein Matchabzug und keine Gummischaftkappe.

EINFACHE LUFTDRUCK- UND KLEINKALIBERGEWEHRE

Alte Flobertwaffe
Kaliber: 12 mm
Lauflänge: 650 mm

Stempel von Saint-Etienne deutlich erkennbar. Marmorierung auf dem Verschlussgehäuse gut erhalten. Gebogener Kammerstengel. Holz patiniert, aber gesund.

Flobert der Firma Gaucher
Kaliber: 9 mm Flobert
Gewicht: 2,1 kg
Gesamtlänge: 1050 mm
Lauflänge: 620 mm

Ältere einschüssige Flobertwaffe mit verchromtem Verschluss. Gehäuse und Lauf zu 80 % brüniert mit Roststellen über die gesamte rechte Seite.

Manufrance-KK-Büchse, Modell Reina
Wechselmagazin mit 8 Schuss
Kaliber: .22 l.r.
Gewicht: 2,3 kg
Gesamtlänge: 1060 mm
Lauflänge: 565 mm

Waffe für Kaliber .22 l.r. Verschluss und Kasten aus Stahl. Regulierbarer Abzug, manuelle Sicherung blockiert den Schlagbolzen. Einstellbares Visier mit Schiene für Zielfernrohr oder Diopter. Schaft aus Nussbaumholz mit Schaftkappe aus Kunststoff. Der Lauf ist vorn mit Gewinde für einen Schalldämpfer versehen.

Humbert-KK-Büchse
1 Schuss
Kaliber: .22 kurz
Lauflänge: 600 mm

Unmittelbar nach dem Krieg hergestellte Waffe. Riegelverschluss, runder Lauf.

KLEINKALIBERGEWEHRE

Kaliber .22

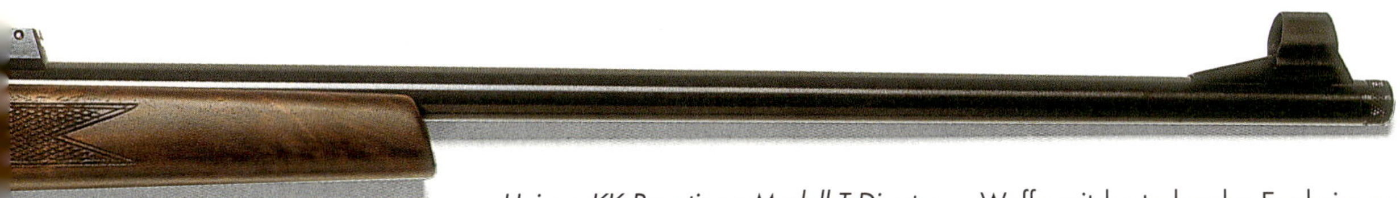

Unique-KK-Repetierer Modell T Dioptra
Wechselmagazin mit 8 Schuss
(5 Schuß bei .22 Magnum)
Kaliber: .22 l.r.
Gewicht: 2,9 kg
Gesamtlänge: 1045 mm
Lauflänge: 600 mm

Waffe mit bestechender Erscheinung. Der Lauf verfügt vorn über ein Gewinde zur Aufnahme eines Schalldämpfers. Auch ein Zielfernrohr kann montiert werden. Schiebevisier.

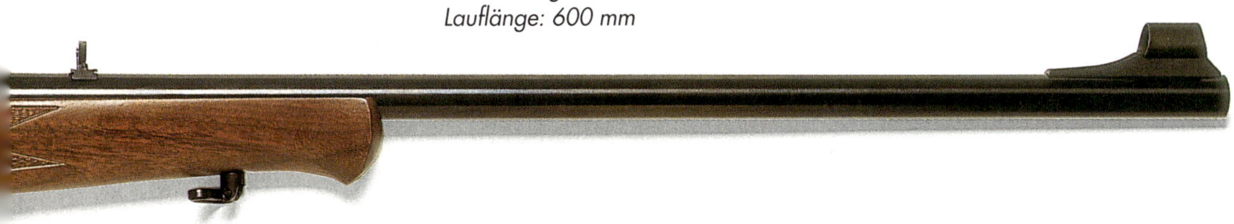

Anschütz-Kleinkaliberbüchse 1516ST
Wechselmagazin mit 4 Schuss
Kaliber: .22 Magnum
Gewicht: 2,8 kg
Gesamtlänge: 1030 mm
Lauflänge: 570 mm

Waffe mit Zylinderverschluss, Einsteckmagazin. Seitliche Schiebesicherung. Abklappbares Visier und Tunnelkorn. Monte-Carlo-Schaft aus feinem Nussbaumholz mit Fischhaut am Pistolengriff.

Winchester Karabiner Modell 9422 Walnut
15 Schuss
Kaliber: .22 l.r.
Gewicht: 2,8 kg
Gesamtlänge: 950 mm
Lauflänge: 520 mm

Das Winchester 9422, nach Angabe des Herstellers aus dem alten Modell 94 entwickelt, hat in Wirklichkeit bis auf das äußere Erscheinungsbild kaum Gemeinsamkeiten mit diesem. Der Mechanismus funktioniert beim 9422 ganz anders als beim 94. Der Auswurf der Hülsen erfolgt beim 9422 zur Seite, beim alten 94 dagegen nach oben. Das in verschiedensten Versionen erhältliche 9422 ist trotzdem eine höchst interessante Waffe.

Winchester-Unterhebelrepetierer Modell 94 Ranger,
Hahn gespannt
7 Schuss
Kaliber: .30-30 W.
Gewicht: 3 kg
Gesamtlänge: 960 mm
Lauflänge: 510 mm

Hierbei handelt es sich um eine Version des populärsten Winchester-Modells überhaupt. Das 94 wird immer noch hergestellt und hat es inzwischen auf mehr als 6 Millionen Exemplare gebracht. Diese Waffe hat 1894 am Anfang der Entwicklung der neuen Munition mit rauchlosem Pulver gestanden.

WESTERNWAFFEN

Die Entwicklung der amerikanischen Waffen war die Folge der technischen und industriellen Revolution, die im 19. Jahrhundert die größte Auswanderungswelle vor der Ausbreitung nach Westen über die riesigen Ebenen der Vereinigten Staaten auslöste. Von den elitären europäischen Armeen ignoriert, gehörten die neuen Hinterladerwaffen zur Ausstattung aller Einwanderer, Kavalleristen, Abenteurer, Goldsucher und anderer Glücksritter: das Spencer, Smith, Henry, das Springfield und die Winchester wie auch das Remington Rolling-Block-Gewehr.

Alle diese „Westernwaffen" erinnern uns an die guten alten Western unserer Kindheit, wo sich die Guten mit den Bösen, den Viehdieben und Zugräubern, auseinander setzten. Alle Heldengeschichten über den großen Zug nach Westen oder über den Goldrausch leben in unseren Gedanken wieder auf, wenn wir die gute alte Winchester in den Händen halten. Sie gilt als das Symbol für jene Epoche. Mit zahlreichen Versionen und Modellen hat Winchester sich seinen Namen gemacht. Andere Hersteller folgten dem Weg, der von der Firma aus New Haven, Connecticut, vorgegeben wurde, und produzierten ihre eigenen Karabiner mit dem Unterhebel als Abzugsbügel. Diese Karabiner hatten den Vorteil, dass ihr röhrenförmiges Magazin einen großen Munitionsvorrat aufnehmen konnte. Allerdings waren sie im Liegen nur unbequem zu benutzen.

Zu den weiteren berühmten Waffen jener Epoche zählten die Remington Rolling-Block-Büchsen. Die Funktionsweise des Rolling-Block-Mechanismus (Drehblock) ist einfach und zeichnet sich dennoch durch Robustheit und bewährte Zuverlässigkeit aus. So kann mit Waffen dieser Art auch recht kräftige Munition verschossen werden.

Winchester-Gewehr 1876, Typ 3
12 Schuss
Kaliber: .45-60
Gewicht: 4,2 kg
Gesamtlänge: 1270 mm
Lauflänge: 710 mm

Winchester-Muskete 1873, Typ 3
17 Schuss
Kaliber: .44-40 (.44 WCF)
Gewicht: 4,1 kg
Gesamtlänge: 1250 mm
Lauflänge: 760 mm

Winchester-Schrotflinte 1887, 30″
5 Schuss
Kaliber: 10 mm
Gewicht: 3,9 kg
Gesamtlänge: 1300 mm
Lauflänge: 810 mm

Winchester-Gewehr 1873, Round Barrel 24
25 Schuss
Kaliber: .22 kurz
Gewicht: 3,9 kg
Gesamtlänge: 1000 mm
Lauflänge: 510 mm

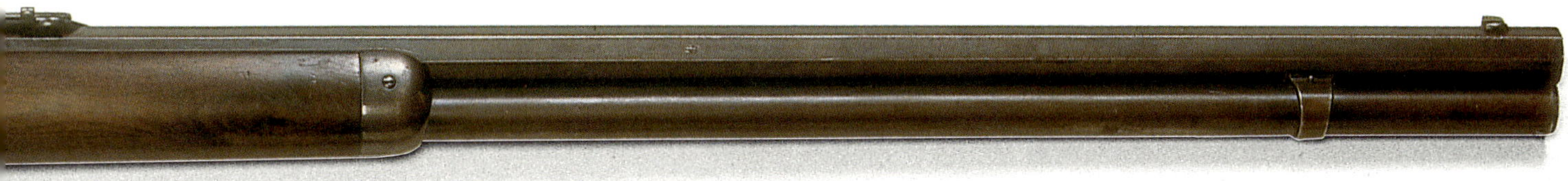

Die Winchester 1876 wurde für den militärischen Markt entwickelt. Die Munition des Typs Winchester 1873 war nämlich für eine rein militärische Nutzung nicht stark genug. Daher war es notwendig, eine Art Super-1873 zu entwickeln. Achteckiger Lauf. 80% der Waffe in originalem Blau, der Rest heller oder mit tabakfarbiger Patina überzogen. Innen zum Teil spiegelblank mit sehr gut erhaltenen Zügen, geringfügig oxidiert. Kennzeichnungen gut lesbar. Holz gesund und mit Patina überzogen.

Hierbei handelt es sich um die Infanterieversion (Muskete) des 1873. Die Winchester 1873 wird von allen ihren Liebhabern als die „wahre Winchester" oder sogar „als Königin des Westens" bezeichnet. Zu 100% neu brüniertes Metall mit geringen verbliebenen Spuren von Oxidation. Lauf innen zum Teil spiegelblank mit sehr gut erhaltenen Zügen, geringfügig oxidiert. Kennzeichnungen gut lesbar. Kolben patiniert und in gutem Zustand. Der Schaft ist von Patina überzogen und weist geringe Abnutzungsspuren auf. An der Waffe kann eine Bajonettfassung montiert werden.

Diese Waffe wurde von Winchester entwickelt, um auch mit einer Schrotflinte auf dem Markt vertreten zu sein. Die Begleiter der Geldtransporte des Adams Express kämpften mit ihr gegen Zugräuber. Gehäuse aus grauem, nachgedunkeltem Stahl. Magazin und Lauf zu 50% noch blau, der Rest tabakfarben. Kennzeichnungen gut lesbar. Holz patiniert, Schaftkappe mit einigen Riefen.

Karabinerversion des Modells 1873. Metall blanker Stahl, mit sehr kleinen Roststellen überdeckt. Holz patiniert, aber gesund. Seltenes Kaliber, von dem nur 19 738 Exemplare hergestellt wurden.

Winchester-Gewehr 1892
Röhrenförmiges Magazin mit 13 Schuss
Kaliber: .44/40 WCF
Gewicht: 3,2 kg
Gesamtlänge: 1070 mm
Lauflänge: 610 mm

Das Winchester 1892 baut auf dem Mechanismus des Modells 1886 auf, hat aber nun das Kaliber, das den Erfolg des 1873 begründet hat. Achteckiger Lauf, röhrenförmiges Magazin. Metall vor langer Zeit neu brüniert, an einigen Stellen aufgehellt. Es sind Reste vom Polieren und vereinzelt auch Oxidation zu sehen. Lauf innen spiegelblank, hervorragende Züge. Kennzeichen auf dem Lauf gut lesbar, hinten am Gehäuse noch lesbar. Fabrikationsnummer von Hand nachgezogen, aber schlecht ausgeführt. Kolben und Vorderschaft mit gutem Holz erneuert. Das Korn fehlt.

Savage-Karabiner Modell 99
5 Schuss
Kaliber: .303 Savage
Gewicht: 3,4 kg
Gesamtlänge: 1010 mm
Lauflänge: 550 mm

Die amerikanische Firma Savage vertreibt seit 1892 Repetierkarabiner und Repetiergewehre. Die Savage unterscheidet sich von allen anderen Waffen dieser Art durch das Fehlen des außenliegenden Hahns und durch das Wechselmagazin. Stahlgraues, nachgedunkeltes Metall mit Spuren von Oxidation am Gehäuse. Kennzeichnungen gut lesbar. Die Oxidationsstellen im Holz vom Systemkasten zeugen vom Original-Vorderschaft. Der Hinterschaft ist erneuert.

REPETIERWAFFEN

Klassische Waffen

Tigre-Karabiner aus Spanien,
Modell 1892, 5 Schuss
Kaliber: .44/40 WCF
Gewicht: 3,2 kg
Gesamtlänge: 1000 mm
Lauflänge: 560 mm

Es handelt sich hierbei um eine genaue Kopie des Winchester-Modells 1892, gebaut von der baskischen Firma Eibar G. Arate y Cia. Hergestellt in den 20er Jahren für die Auswanderer nach Mittel- und Südamerika. Gehäuse und Lauf zu 80% brüniert, mit Rostblüten. Das Röhrenmagazin ist von tabakbrauner Patina überzogen. Kennzeichen lesbar. Holz patiniert mit Gebrauchsspuren. Waffen dieses Typs wurden zur Zeit des spanischen Bürgerkriegs 1936 eingesetzt.

Winchester-Büchse 1892
5 oder 11 Schuss
Kaliber: .44/40 WCF
Gewicht: 2,5 kg
Gesamtlänge: 955 mm
Lauflänge: 510 mm

Dies ist die kurze Version der Winchester 1892. Metall vor langer Zeit neu brüniert. Es verbleibt eine zerfressene Partie auf dem Lauf und dem Magazin. Kennzeichnung gut lesbar. Holz patiniert, aber gesund. Der Schaft stammt nicht von diesem Modell. Er hat eine Verblattung auf der rechten Seite.

Marlin Modell 336 CS
Röhrenmagazin mit 7 Schuss
Kaliber: .30-30 Winchester
Gewicht: 3,2 kg
Gesamtlänge: 970 mm
Lauflänge: 510 mm

Die Marlin-Waffen sind die große Konkurrenz zu Winchester, und das schon seit ungefähr 1880. Der entscheidende Unterschied zwischen den Waffen der beiden Produzenten ist die Richtung, in die die Hülsen ausgeworfen werden. Bei Winchester wurden sie bis zur Einführung neuer, überarbeiteter Modelle vor wenigen Jahren nach oben ausgeworfen, während sie beim Marlin rechts herausgeschleudert werden. Der Vorteil des seitlichen Auswurfs ist, dass ein Zielfernrohr montiert werden kann.

Rossi-Modell Puma
Kaliber: .44 Magnum
Gewicht: 2,8 kg
Gesamtlänge: 955 mm
Lauflänge: 508 mm

Western-Waffe des bekannten brasilianischen Herstellers Amadeo Rossi. Als Vorbild diente das berühmte Winchester 1892. Hinter- und Vorderschaft aus nussbaumfarbenem brasilianischem Framire-Holz.

Uberti „Yellow Boy"
9 Schuss
Kaliber: .44-40 WCF
Gewicht: 3,4 kg
Gesamtlänge: 970 mm
Lauflänge: 465 mm

Es handelt sich um eine Replik des ersten Modells von Winchester, des berühmten Karabiners 1866. Zur Geschichte ist anzumerken, dass die französische Regierung anlässlich des Kriegs 1870/71 mit Deutschland 3000 Winchester 1866 gekauft hatte.

Erma-KK-Büchse EG 712
15 Schuß
Kaliber: .22 l.r.
Gewicht: 2,4 kg
Gesamtlänge: 920 mm
Lauflänge: 470 mm

Diese von der deutschen Firma Erma in Dachau hergestellte Waffe ist deutlich vom Winchester 9422 inspiriert. In der Höhe verstellbares Visier mit Vorrichtung für die Montage eines Zielfernrohrs. Englischer Schaft und Vorderschaft aus nussbaumfarbener Buche.

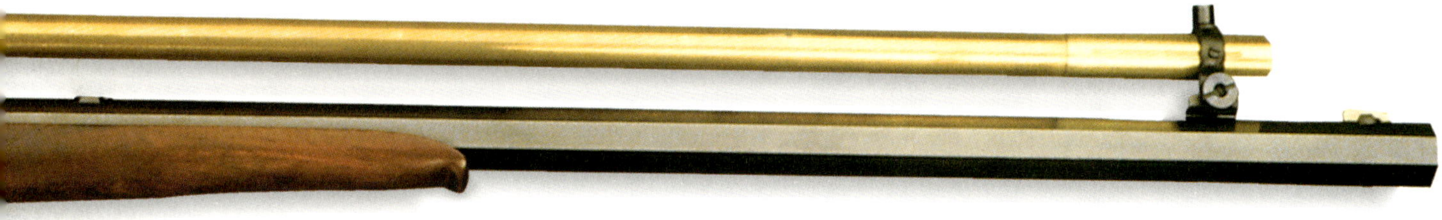

Remington Rolling Block Modell „Creedmore Rifle"
Kaliber: .45-70 Government
Gewicht: 5,5 kg
Gesamtlänge: 1405 mm
Lauflänge: 1010 mm

Die hier vorgestellte Replik ist eine Abwandlung des Modells des italienischen Herstellers Pedersoli. Der Urheber dieser Version, ein Büchsenmacher aus Grenoble, hat das Verschlussgehäuse poliert, Fassungen für das Zielfernrohr hergestellt und das Zielfernrohr darauf montiert. Das Holz ist leicht verändert. Eine herrliche Waffe.

Remington Rolling Block Modell „Buffalo Rifle"
Kaliber: .45-70 Government
Gewicht: 5,5 kg
Gesamtlänge: 1390 mm
Lauflänge: 995 mm

Das Modell Buffalo Rifle unterscheidet sich von seinen Vorgängern durch den geraden Schaft, das kürzere Zielfernrohr und den etwas kürzeren Lauf.

Remington Rolling Block Modell „Cavalry"
Kaliber: .45-70 Government
Gewicht: 3,8 kg
Gesamtlänge: 1305 mm
Lauflänge: 910 mm

Für die Kavallerie bestimmte Version des Rolling Block.

Remington Rolling Block,
argentinische Musketenversion
Kaliber: .43 spanisch
Gewicht: 4,1 kg
Gesamtlänge: 1305 mm
Lauflänge: 910 mm

Markierungen: „E. Remington & Sons Ilion N.Y. USA". Metall zu 90 % brüniert, sehr gut erhalten. Holz gereinigt und gesund.
Das Remington Rolling Block wurde ursprünglich aus Elementen des Springfield-Gewehrs 1863 gebaut. Schon bald aber bestand es nur noch aus eigenen Teilen. Diese einschüssige Waffe mit Blockverschluss war auf den internationalen Märkten ungeheuer erfolgreich. Die französische Armee setzte sie während des Krieges 1870/71 ein. Das Remington Rolling Block wurde in zahlreichen Versionen produziert. Die einzigen Unterschiede zwischen den vielen Modellen betreffen jedoch nur Kaliber und Länge der Waffe. Der Mechanismus ist stets absolut identisch.

Japanische Luntenarkebuse
Kaliber: .50
Gewicht: 3,9 kg
Gesamtlänge: 1275 mm
Lauflänge: 1055 mm

Diese Waffe wurde ursprünglich von einem portugiesischen Händler hergestellt, der 1543 vor der japanischen Insel Tanegashima an Land ging. Schloss, Hahn und Deckel der Zündpfanne aus Messing, Mechanismus innenliegend. Achteckiger Lauf mit Messingbändern am Schaft befestigt.

Steinschlossbüchse Harper's Ferry
Kaliber: .54
Gewicht: 3,6 kg
Gesamtlänge: 1200 mm
Lauflänge: 965 mm

Im Jahr 1812 löste die einfacher zu bedienende Plains Rifle die Kentucky ab. Es wurde unsterblich durch den mythenumworbenen „Mountain Man" Jeremiah Johnston.

REPLIKEN

Die Repliken, originalgetreue Nachbauten von Waffen aus alten Zeiten, stellen in gewisser Weise eine Ergänzung zu den Sammlerwaffen dar. Es ist auch kaum empfehlenswert, mit einer echten alten Waffe zu schießen, da Unfälle nie ganz auszuschließen sind. Trotzdem schießen viele Schützen mit Original-Waffen, es kommt nur sehr auf den Zustand an.

Die Lösung des Problems besteht darin, sich die Replik einer alten Waffe zuzulegen, deren Läufe nach den derzeit gültigen Normen gefertigt und geprüft sind und somit absolute Sicherheit garantieren. So geht der Schütze nicht das Risiko ein, dass ihm die Waffe vor dem Gesicht explodiert.

Die Italiener haben sich ganz besonders auf die Herstellung von Repliken alter Waffen spezialisiert.

Kentucky Rifle
Kaliber: .45
Gewicht; 3,3 kg
Gesamtlänge: 1220 mm
Lauflänge: 850 mm

Die Kentucky Rifle ist mit das Berühmteste der Gewehre, die den Wilden Westen erobern halfen. Sie wurde von den Büchsenmachern aus Lancaster hergestellt, deren Vorfahren zum größten Teil aus deutschsprachigen Ländern stammten. Das Modell ist zwar leicht, aber trotzdem eher unhandlich, weil es sehr lang ist und keinen Gewehrriemen hat.

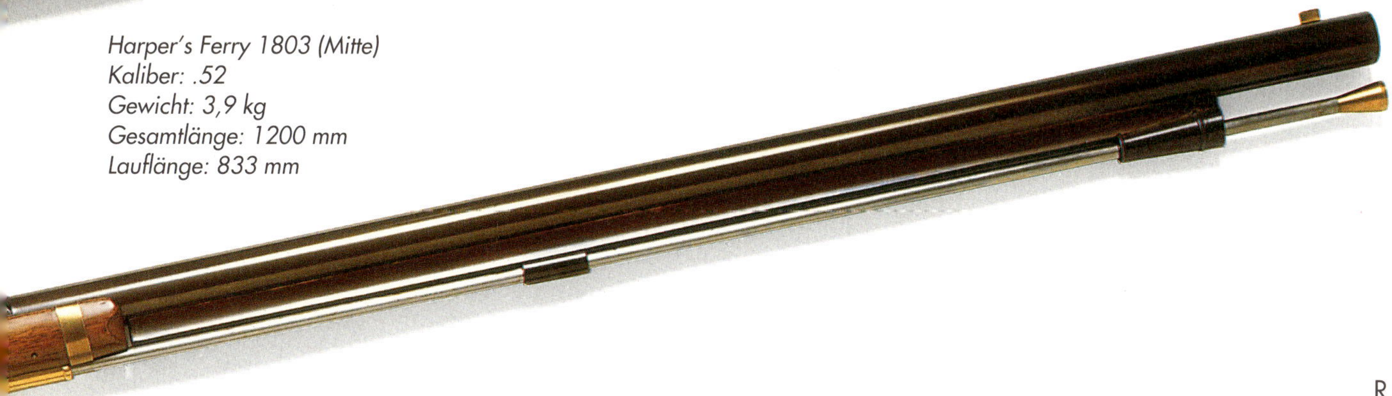

Harper's Ferry 1803 (Mitte)
Kaliber: .52
Gewicht: 3,9 kg
Gesamtlänge: 1200 mm
Lauflänge: 833 mm

Es handelt sich um eines der ersten serienmäßigen Gewehre mit Steinschloss und gezogenem Lauf, die bei der Armee der Vereinigten Staaten zum Einsatz kamen. Mit dieser Waffe wurden unter anderem auch die Mitglieder der berühmten Expedition von Lewis und Clark (1804-1806) ausgestattet, die das Ziel hatte, die Gebiete westlich von Mississippi und Missouri zu erkunden.

Scout-Steinschlossbüchse
Kaliber: .45
Gewicht: 3 kg
Gesamtlänge: 1150 mm
Lauflänge: 800 mm

Die Scout ist nichts weiter als eine kürzere Version des Kentucky. Sie wurde hergestellt, um dem größten Manko der Kentucky, ihrer Unhandlichkeit, abzuhelfen.

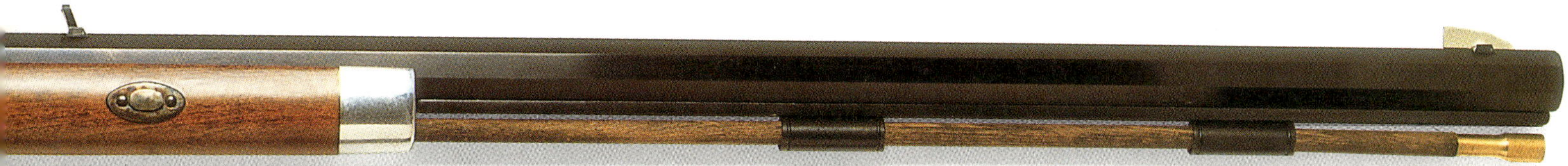

Mountain Rifle
Kaliber: .45
Gewicht: 3,6 kg
Gesamtlänge: 1200 mm
Lauflänge: 800 mm

Replik einer klassischen Waffe aus der amerikanischen Pionierzeit. Diese Waffe ist praktisch identisch mit dem Hawken-Modell 1825. Achteckiger, gezogener Lauf, Abzug mit deutschem Stecher. Feine Gravuren auf Schloss und Hahn.

Kentucky 1825
Kaliber: .45
Gewicht: 3,3 kg
Gesamtlänge: 1220 mm
Lauflänge: 850 mm

Replik der berühmten Kentucky Rifle, die mit Perkussionsschloss hergestellt, aber auch darauf umgerüstet wurde. Es war die bevorzugte Waffe der amerikanischen Pioniere und Fallensteller. Regulierbarer Abzug und achteckiger, gezogener Lauf.

Ranger-Gewehr
Kaliber: .45
Gewicht: 3,2 kg
Gesamtlänge: 1120 mm
Lauflänge: 710 mm

Gewehr mit Perkussionsschloss aus spanischer Produktion. Achteckiger Lauf, in der Höhe verstellbares Visier vom Typ „Buckhorn", Schloss marmoriert.

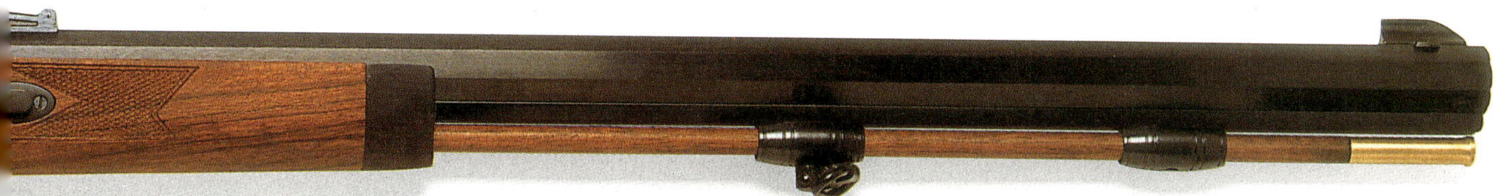

Hawken Hunter
Kaliber: .58
Gewicht: 4 kg
Gesamtlänge: 1140 mm
Lauflänge: 720 mm

Replik auf der Grundlage des Hawken-Gewehrs von 1825, das selbst wiederum von der Kentucky Rifle abstammt. Die beiden einzigen Unterschiede zum Original bestehen darin, dass diese Version über zwei Mittelringe verfügt und dass der Schaft hinten gerade und nicht muldenförmig abschließt. Schaftkappe aus Gummi, die zu alten Zeiten natürlich noch nicht verfügbar war.

Gewehr Lee Enfield Nr. 4 MKI
10 Schuß
Kaliber: .303
Gewicht: 4,1 kg
Gesamtlänge: 1128 mm
Lauflänge: 640 mm

Gut erhaltene Metallteile, klar lesbare Markierungen. Sauberer Schaft mit der gleichen Nummer. Dieses Gewehr wurde im Zweiten Weltkrieg beim britischen Heer eingesetzt.

Infanteriegewehr MAS 36
5 Schuss
Kaliber: 7,5 mm
Gewicht: 3,8 kg
Gesamtlänge: 1020 mm
Lauflänge: 580 mm

Das französische Gewehr, das seit 1939 bei allen Kriegen mit französischer Beteiligung zum Einsatz kam. Oberfläche phosphatiert, schönes Holz.

WAFFEN VERGANGENER KRIEGE

Man kann sich keine Nation vorstellen, die nicht ihr eigenes Gewehr produziert, woraus sich die ungeheure Verbreitung der militärischen Waffen erklären lässt. Das Gewehr, Symbol des Soldaten, wurde schon bald zum Symbol eines Volkes, einer Nation. Das Lebel ist so typisch für Frankreich wie das Mauser für Deutschland, und jedes hat natürlich seine eigene Munition. Trotzdem wurden häufig auch Waffen im Ausland eingekauft.

Im 19. Jahrhundert handelte es sich um Repetierwaffen, aber auch schon um halbautomatische Waffen. Das halbautomatische System lud automatisch nach jedem Schuss nach, daher haben diese Waffen eine höhere Feuergeschwindigkeit als die Repetierwaffen. Anfänglich kam es allerdings weniger auf die Feuergeschwindigkeit als vielmehr auf die Durchschlagskraft der Waffe an. Die Gewehre sollten auf große Entfernung ein Ziel treffen. Daher waren große Kaliber von besonderer Bedeutung. Dies wiederum führte zu langen, schweren Waffen, die sehr präzise waren und viel Durchschlagskraft boten. Nur die Kavallerie verfügte über Karabiner, bei denen es sich oft um verkürzte und leichtere Versionen der regulären Gewehre handelte.

Die Waffen aus dieser Zeit gelten immer noch als Kriegswaffen, obwohl es heute Jagdwaffen gibt, die sie an Leistung bei weitem übertreffen.

Lebel-Infanteriegewehr, Modell 1886/1893
8 Schuss
Kaliber: 8 mm Lebel
Gewicht: 4,4 kg
Gesamtlänge: 1307 mm
Lauflänge: 800 mm

Zu jener Zeit war Frankreich mit einem der modernsten Gewehre der Welt ausgerüstet. Kennzeichnungen: „Manufacture Royale de St-Etienne" auf dem Schloss. Metall brüniert und Holz mit Benutzungsspuren.

Japanisches Arisaka-Gewehr, Typ 38
5 Schuss
Kaliber: 6,5 mm
Gewicht: 4,1 kg
Gesamtlänge: 1270 mm
Lauflänge: 810 mm

Diese Waffe, von 1907 an in der Serienproduktion, blieb bis 1945 im Dienst. Das Arisaka 38 war im Zweiten Weltkrieg an verschiedenen Gefechten in den Operationsgebieten des Fernen Ostens beteiligt (Birma, Indochina, Philippinen, Thailand usw.). Metall in gutem Zustand, originale Brünierung. Exzellente japanische Markierungen. Es fehlt die Blechabdeckung für den Verschluss. Schaft gerissen.

Mauser-Gewehr G 98
5 Schuss
Kaliber: 7,92 mm
Gewicht: 4,1 kg
Gesamtlänge: 1255 mm
Lauflänge: 740 mm

Berühmte Waffe aus dem Ersten Weltkrieg. Hergestellt vor 1918. Der Verschluss ist von so hoher Qualität, dass er auch heute noch bei der Fabrikation bestimmter moderner Waffen verwendet wird. Metall patiniert, Schaft in schlechtem Zustand.

Finnisches Gewehr Kivaari M27
5 Schuss
Kaliber: 7,62 mm
Gewicht: 4,4 kg
Gesamtlänge: 1304 mm
Lauflänge: 802 mm

Dieser Waffentyp kam im Winterkrieg 1940 gegen die Rote Armee zum Einsatz. Es handelt sich um eine Version des Mosin Nagant. Die Waffe ist von der Konstruktion her etwas robuster als das sowjetische Mosin.

Garand-Selbstlader
Magazin mit 8 Schuss
Kaliber: 30.06 Springfield
Gewicht: 4,1 kg
Gesamtlänge: 1110 mm
Lauflänge: 610 mm

1939 waren alle Armeen der Welt mit Repetierwaffen ausgestattet, nur die Vereinigten Staaten hatten eine halbautomatische Waffe: das Garand. Es war das erste echte halbautomatische Gewehr der Welt und kam nicht nur im Zweiten Weltkrieg zum Einsatz, sondern auch noch später im Korea-Krieg. Die französische Armee setzte es außerdem in Algerien ein.

MAS 49
Magazin mit 10 Schuss
Kaliber: 7,5 mm
Gewicht (leer): 3,9 kg
Gesamtlänge: 1075 mm
Lauflänge: 580 mm

Das MAS 49 gilt als das erste echte halb automatische Gewehr der französischen Armee. Es kann aber nur auf eine kurze Karriere zurückblicken, da es schon sehr bald durch eine verbesserte Version ersetzt wurde, mit der auch moderne Gewehrgranaten abgefeuert werden konnten: das MAS 49/56.

Mauser G 43
Magazin mit 10 Schuss
Kaliber: 7,92 mm
Gewicht: 4,3 kg
Gesamtlänge: 1117 mm
Lauflänge: 558 mm

Diese Waffe wurde häufig von deutschen Eliteeinheiten eingesetzt, ganz besonders an der Ostfront. Kennzeichnung von 1944 gut lesbar. Patinierter Schaft aus Schichtholz.

AK 47 – Schnittmodell –
Magazin mit 30 Schuss
Kaliber: 7,62x39 mm
Gewicht (leer): 4,3 kg
Gesamtlänge: 869 mm
Lauflänge: 414 mm

Beim AK 47 handelt es sich um das zweite Sturmgewehr überhaupt und eine der berühmtesten Waffen der Weltgeschichte. Die Sowjetunion hat das AK 47 entwickelt, das schließlich zum Symbol der Revolutionsbewegungen in aller Welt wurde. Zu seinen herausragenden Eigenschaften zählen die außergewöhnliche Robustheit, die extrem einfache Bedienung und die starke Durchschlagskraft.

STG 44
Magazin mit 30 Schuss
Kaliber: 7,92 mm
Gewicht (leer): 5,2 kg
Gesamtlänge: 930 mm
Lauflänge: 420 mm

Das deutsche STG 44 ist das erste Sturmgewehr der Geschichte. Es war die Grundlage für die Entwicklung aller modernen Sturmgewehre.

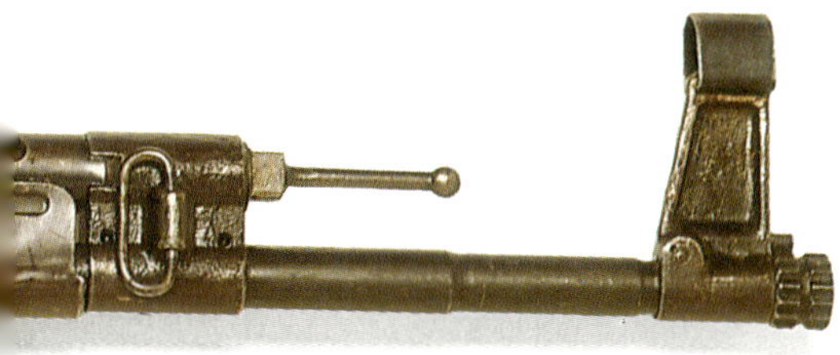

STURMGEWEHRE

Das Sturmgewehr ist die wichtigste Waffe des Infanteriesoldaten von heute. Der Begriff, der heute für alle Waffen dieser Klasse gilt, ist auf das erste Sturmgewehr überhaupt zurückzuführen: das deutsche STG 44. Heutzutage kommen bei der Produktion von Sturmgewehren in der Regel die modernsten Materialien zum Einsatz, wie beispielsweise Glasfaser, Aluminium und Metall-Legierungen. Das Sturmgewehr hat bei den modernen Armeen praktisch alle anderen Handwaffen abgelöst und ist dadurch zu einer Art Universalwaffe geworden. Dank seiner Vielseitigkeit ist es in der Lage, gleich eine Reihe leichter Waffen zu ersetzen. Es lässt sich auf kurze Entfernungen (0-35 m) genauso gut schießen wie auf große Entfernungen (500 m). Außerdem schießt es sowohl Einzelfeuer als auch Feuerstöße und Dauerfeuer. Daneben ist es sogar für Gewehrgranaten geeignet, die so etwas wie die Taschenartillerie des Infanteristen darstellen. Durch die Ergänzung eines passiven Infrarot-Nachtsichtgeräts kann das Sturmgewehr bei Nacht ebenso erfolgreich wie am Tage eingesetzt werden. Es ist von guter Präzision, so dass die Trefferwahrscheinlichkeit auf ein Ziel in 200 m Entfernung mehr als 90 % beträgt. Ein großer Teil der Sturmgewehre ist sowohl auf Linkshänder als auch auf Rechtshänder ausgelegt. Da es kurz und wenig sperrig ist, lässt es sich auf engstem Raum einsetzen, so zum Beispiel auch in gepanzerten Fahrzeugen. Das geringe Gewicht der modernen Munition (NATO 5,56 mm; Russland 5,45 mm) erlaubt dem Schützen, mehr Munition mitzuführen als bei den Sturmgewehren der letzten Generation.

M 16 A2
Magazin mit 20 oder 30 Schuss
Kaliber: 5,56 mm
Gewicht (ohne Anbauteile): 3,4 kg
Gesamtlänge: 1000 mm
Lauflänge: 510 mm

Das M 16 erschien Anfang der 60er Jahre und war das erste Sturmgewehr, bei dessen Fabrikation so moderne Materialien wie Kunststoff und Aluminium zum Einsatz kamen. Die amerikanische Waffe, interessanterweise von der Firma Colt, hat sich ihren Ruhm im Vietnamkrieg erworben. Lange Zeit stand das M 16 im Ruf geringer Zuverlässigkeit. In Wirklichkeit waren es lediglich Kinderkrankheiten, die schon bald überwunden waren. Bei der hier vorgestellten Waffe handelt es sich um eine der aktuelleren Versionen, das M 16 A2. Es ist seit 1983 bei der US-Army im Einsatz.

M 16 A2 Version Commando
Kaliber: 5,56 mm
Gewicht (ohne Anbauteile): 2,4 kg
Gesamtlänge: 760 mm (mit ausgeklappter Schulterstütze)
bzw. 680 mm (mit eingeklappter Schulterstütze)
Lauflänge: 290 mm

Die Bauteile der Version Commando für Sondereinsätze sind gegen die des normalen M 16 A2 austauschbar. Dies gilt natürlich nicht für den Schaft.

Großaufnahme des Verschlusses des M 16 A2 von links. Unter dem Pistolengriff ist der Vorwahlhebel mit drei Positionen zu sehen: SAFE = gesichert; SEMI = Einzelfeuer; BURST = Feuerstoß von drei Schuss. Hinter dem Tragegriff befindet sich das Rädchen für die Visiereinstellung. Die älteren Versionen des M 16 A2 (M 16 und M 16 A1) verfügten noch nicht über dieses Rädchen.

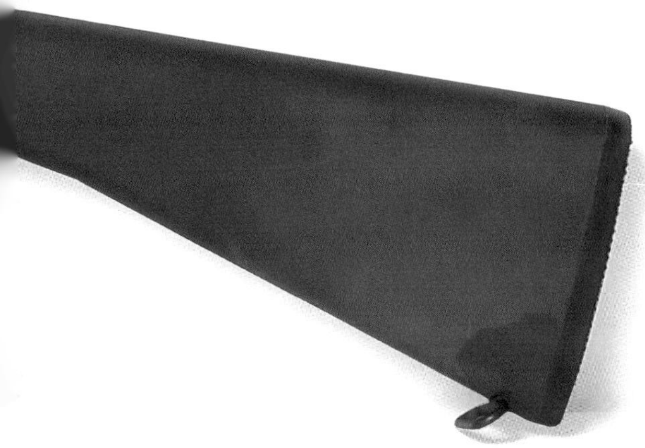

AUG 77
Magazin mit 30 Schuss
Kaliber: 5,56 mm
Gewicht (mit bestücktem Magazin): 4,1 kg
Gesamtlänge: 790 mm
Lauflänge: 508 mm

AUG 77, Version FM
Magazin mit 30 oder 42 Schuss
Kaliber: 5,56 mm
Gewicht (ohne Anbauteile): 4,9 kg
Gesamtlänge: 900 mm
Lauflänge: 621 mm

Die Version F-M (MG-Version) des AUG 77 unterscheidet sich vor allen Dingen im Lauf von der klassischen Ausführung. Er ist beim F-M länger, aber auch dicker, um der höheren Feuergeschwindigkeit standzuhalten. Dazu hat das F-M ein klappbares Zweibein. Es erleichtert das Schießen in liegender Stellung.

Das AUG 77 (Armee-Universal-Gewehr) wird von der österreichischen Firma Steyr hergestellt und hat sich zu einem der meistverbreitetsten Sturmgewehre der Welt entwickelt. Es handelt sich um eine „Bullpup"-Waffe, d.h. Verschlussstück und Verschlussmechanismus liegen hinter Griff und Abzug. Ein Teil des Verschlusses ist dabei im Schaft integriert. Dank dieser Auslegung sind die Bullpup-Waffen handlicher als die konventionellen Sturmgewehre wie z.B. das M 16 A2. Eine weitere Besonderheit des AUG 77 ist die Tatsache, dass das 1,5-fache Zielfernrohr zur Grundausstattung gehört und nicht als Zubehör erworben werden muss.

Auf der Detailaufnahme der Waffe ist das durchsichtige Kunststoffmagazin deutlich zu erkennen. So weiß der Schütze immer, wieviel Munition er noch hat. Das AUG 77 hat einen Handschutz vor dem Pistolengriff.

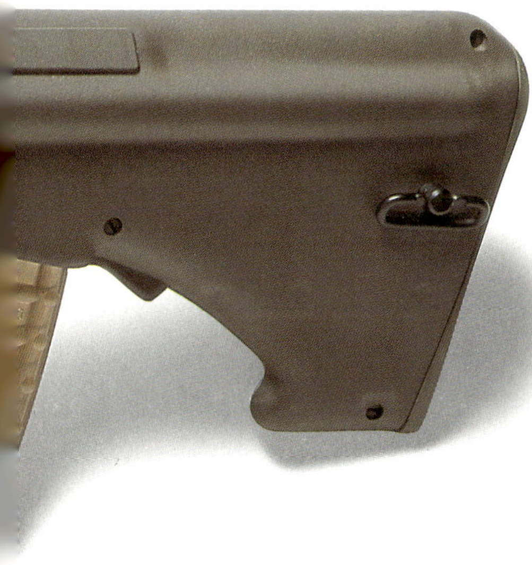

Beim AUG 77 kann der Vordergriff abgeklappt werden. Dadurch hat der Schütze seine Waffe besser im Griff und kann so präziser schießen.

Galil, Version ARM (Gewehr/leichtes MG)
Magazin mit 35 oder 50 Schuss
Kaliber: 5,56 mm
Gewicht (ohne Anbauteile): 4,4 kg
Gesamtlänge: 979 mm
Lauflänge: 460 mm

Das israelische Galil, deutlich vom AK 47 inspiriert, wurde entwickelt, um mit einer Waffe die Maschinenpistole (MP), das Sturmgewehr und das leichte Maschinengewehr (LMG) zu ersetzen. Der Legende nach haben die Israelis, die bei ihren Kriegen gegen die arabischen Staaten stets eine Menge AK 47 erbeutet haben, beschlossen, auf irgendeine Weise davon zu profitieren. Auf der Grundlage der Bauteile des AK 47 haben sie eine neue Waffe konzipiert. Diese Waffe wurde unter dem Namen Galil bekannt und verwendete die 7,62-mm-NATO-Munition (7,62x51) anstelle der sowjetischen 7,62-mm-Munition (7,62x39).
Als sich später das Kaliber 5,56 zum neuen Standard entwickelte, wurde auch das Galil darauf umgerüstet. Interessant zu wissen ist, dass auch die südafrikanische Armee eine Waffe auf der Grundlage des Galil benutzt, nämlich das R4.

Vorderteil des SAR. Der Handschutz ist recht voluminös.

Linke Seite mit eingeklappter Schulterstütze

Ausklappbare Schulterstütze des Galil mit Holzbacke.

Das Galil verfügt über einen Feuerwahlhebel. Dieser befindet sich in der Höhe des Pistolengriffs und unterscheidet sich von dem rechts angebrachten Hebel des AK 47. Auf das Galil kann auch, wie hier zu sehen, ein Zielfernrohr montiert werden. Das ARM verfügt über ein Zweibein und einen Tragegriff.

GALIL

Galil, Version SAR (kurzes Sturmgewehr)
Magazin mit 35 oder 50 Schuss
Kaliber: 5,56 mm
Gewicht (ohne Anbauteile): 3,75 kg
Gesamtlänge: 840 mm
Lauflänge: 332 mm

Die Version SAR ist, wie schon der Name (short assault rifle) sagt, die kurze Ausführung des Galil. Sie ist insbesondere für Kommandotruppen und Spezialeinheiten bestimmt. Auch das SAR verfügt über eine einklappbare Schulterstütze, damit es unter beengten Verhältnissen eingesetzt werden kann.

FAMAS G2
Magazin mit 20 oder 30 Schuss
Kaliber: 5,56 mm
Gewicht (leer): 3,6 kg
Gesamtlänge: 757 mm
Lauflänge: 488 mm

Hierbei handelt es sich um die aktuelle Ausführung des französischen Sturmgewehrs. Die Version G2 wurde entwickelt, um das Magazin des M 16 verwenden zu können. Das G2 wird in erster Linie für den Export gebaut. Es verfügt über eine Konstruktion ähnlich der des AUG 77. Das FAMAS G2 ist von Rechts- und Linkshändern zu bedienen und unter allen nur denkbaren Bedingungen einsetzbar. Es handelt sich um ein Gewehr nach dem Bullpup-Prinzip.

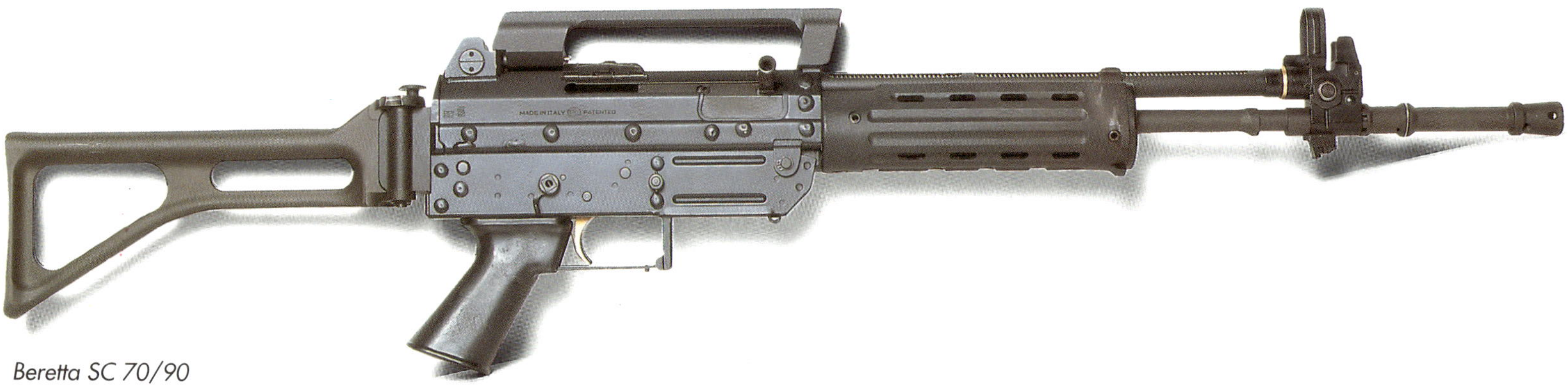

Beretta SC 70/90
Magazin mit 30 Schuss
Kaliber: 5,56 mm
Gewicht (ohne Anbauteile): 4 kg
Gesamtlänge: 986 mm (mit ausgeklappter Schulterstütze) bzw. 657 mm (mit eingeklappter Schulterstütze)
Lauflänge: 450 mm

Das italienische Sturmgewehr Beretta SC 70/90 ist die für die Spezialeinheiten bestimmte Version des Sturmgewehrs AR 70/90.
Diese Waffe, seit Juli 1990 bei den italienischen Streitkräften im Einsatz, bietet im Vergleich zur Konkurrenz keine besonderen Neuigkeiten. Auffällig ist lediglich der bewegliche Tragegriff. Die hier gezeigte Version ist nicht für Gewehrgranaten geeignet.

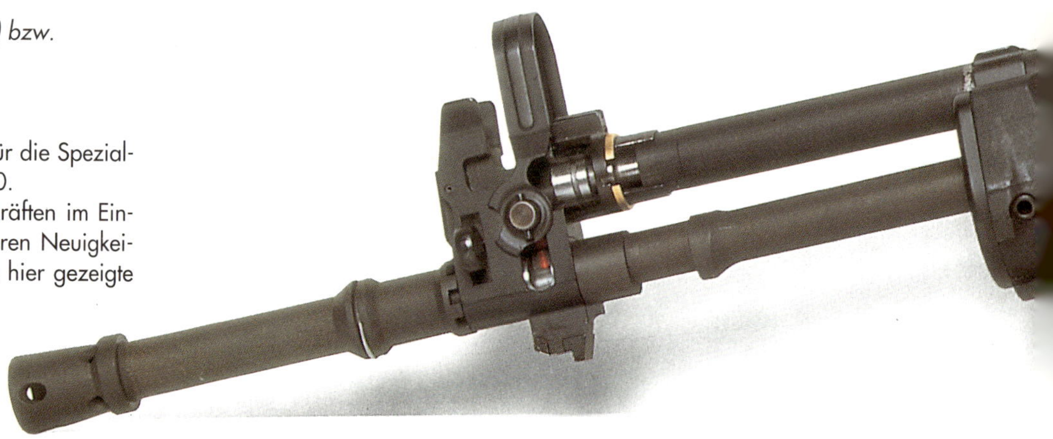

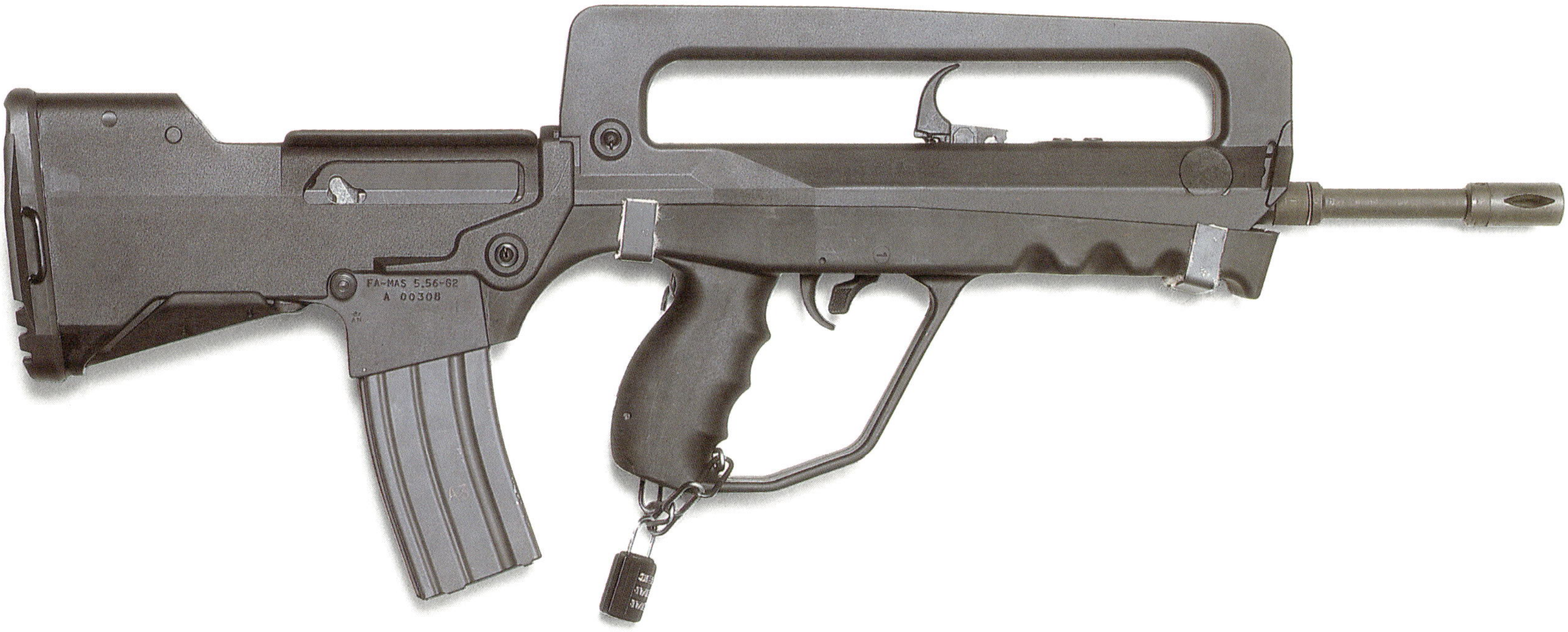

FAMAS, BERETTA

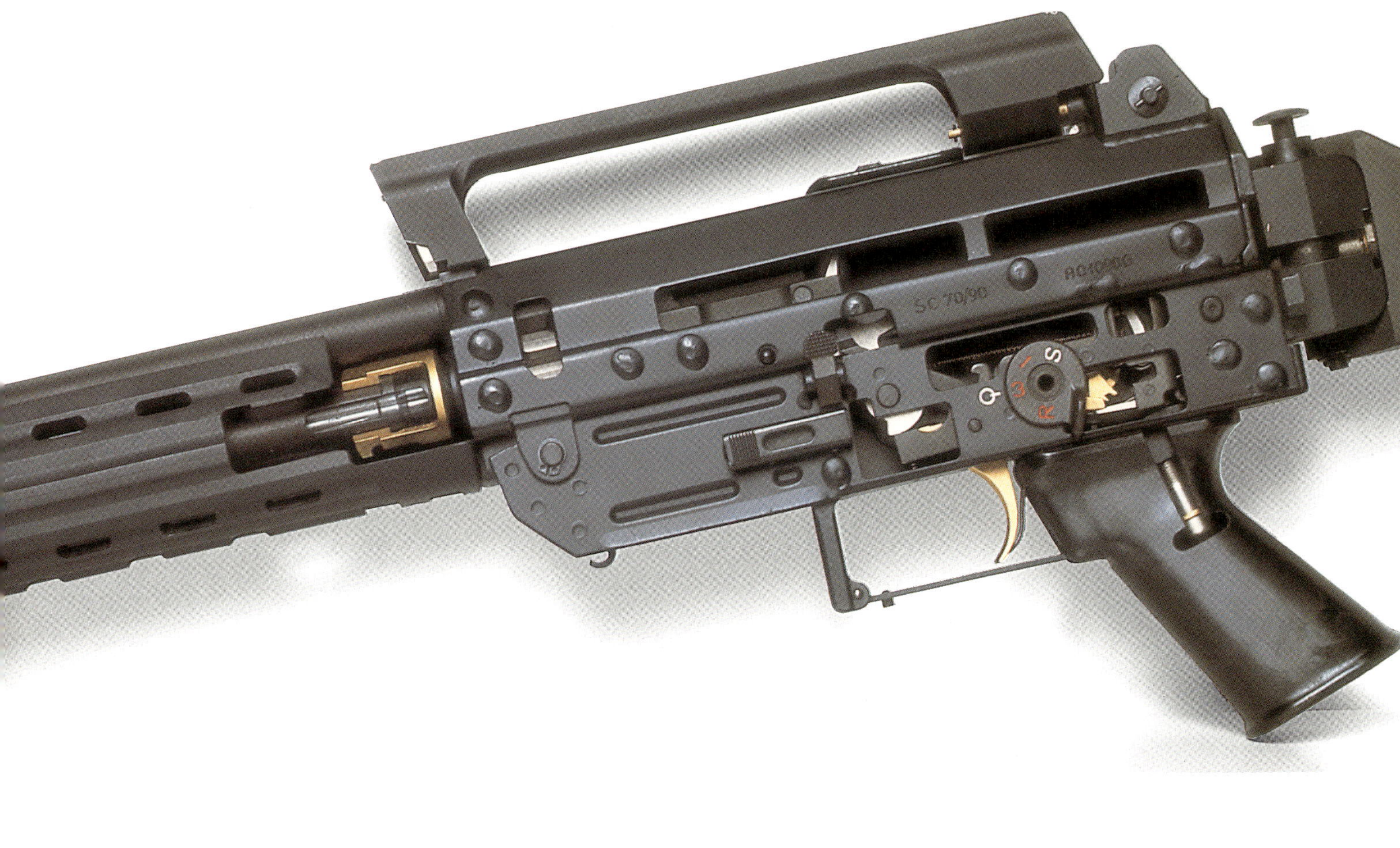

Remington 700 Varmint Synthetic
Magazin mit 5 Schuss
Kaliber: .22-250 mm
Gewicht (leer): 3,9 kg
Gesamtlänge: 1110 mm
Lauflänge: 610 mm

Eine hervorragende Waffe, die in der Ausführung M24 auch bei der US Army zum Einsatz kommt. Die Varmint-Jagd auf Schädlinge ist in den USA weit verbreitet, in Europa weitgehend verboten. Hier werden die Varmintwaffen für das Schießen über Entfernungen von 300 m eingesetzt. Der Schaft ist aus Kevlar und so sicher vor Verformungen, wie sie bei Holzschäften aufgrund von Feuchtigkeit und Temperaturschwankungen auftreten. Die Oberfläche der Waffe ist mattschwarz, um unerwünschte Reflexionen auszuschalten.

SPORTWAFFEN

Das weit verbreitete Bild, wonach es sich beim Schießen um eine aggressive Sportart handelt, trifft in keiner Weise zu.

Ein nervöser und aggressiver Schütze hat keinerlei Erfolgsaussichten beim Schießen. Ganz im Gegenteil, diese Disziplin erfordert Ruhe und Konzentration, gleichzeitig aber auch viel Kraft und Ausdauer. Etwa zwanzig Schüsse aus drei Positionen – liegend, kniend, stehend – abzugeben, und das mit einer 7 kg schweren Waffe, ist bestimmt keine einfache Sache.

Das Sportschießen umfasst zahlreiche Disziplinen, von denen einige sogar olympisch sind. Andere hingegen werden in Europa überhaupt nicht ausgeübt. Zu den verschiedenen Disziplinen zählen:

- **Gewehrschießen:** Standard-Kleinkaliberschießen (50 Meter, .22 l.r., 60 Schuss), freies Kleinkaliberschießen (50 Meter, .22 l.r., 120 Schuss), Standard-Großkaliberschießen (300 Meter, Kaliber <8 mm, 60 Schuss), freies Großkaliberschießen (300 Meter, Kaliber <8 mm, 120 Schuss), KK-Liegendkampf (50 Meter, .22 l.r., 60 Schuss im Liegen), laufende Scheibe 50 Meter (.22 l.r., 60 Schuss), sitzend aufgelegt schießen
- **Luftgewehr:** Luftgewehr 10 Meter (4,5 mm, Herren 60 Schuss, Damen 40 Schuss, stehend), laufende Scheibe 10 Meter (4,5 mm; 40 Schuss)
- **Wurfscheibenschießen:** Trapschießen, Skeetschießen, Jagdparcours
- **Andere Disziplinen:** Präzisions- und Schnellschießen mit Armeegewehren. Biathlon, Trap universal, Taubenschießen, Varmint, Schießen über große Entfernungen, Scharfschießen, Übungsschießen mit Flinte und Gewehr, Schießen auf Silhouettenscheiben.

Luftgewehr Feinwerkbau Modell 300S
Kaliber: 4,5 mm
Gewicht: 4,9 kg
Gesamtlänge: 1070 mm
Lauflänge: 503 mm

LUFTDRUCK- UND CO_2-MATCH-GEWEHRE

10-Meter-Waffen

Luftgewehr Feinwerkbau Modell 300S Junior
Kaliber: 4,5 mm
Gewicht: 4 kg
Gesamtlänge: 1020 mm
Lauflänge: 470 mm

Grundversion für das Luftgewehrschießen im Wettbewerb. Seitenspannhebel und regulierbarer Abzug. Dank eines Systems zum Massenausgleich völlig ohne Rückstoß. Diopter mit Mikrometer-Einteilung. Die Version 300S Junior unterscheidet sich von der Grundversion lediglich durch einen kürzeren Lauf und ihr geringeres Gewicht.

Luftgewehr Anschütz Modell 2001
Kaliber: 4,5 mm
Gewicht: 4,8 kg
Gesamtlänge: 1130 mm
Lauflänge: 700 mm (gezogener Lauf 420 mm)

Gewehr für den Wettbewerb auf höchstem Niveau. Luft vorkomprimiert, verstellbarer Schaft, fein regulierbarer Abzug, hier ohne Diopter.

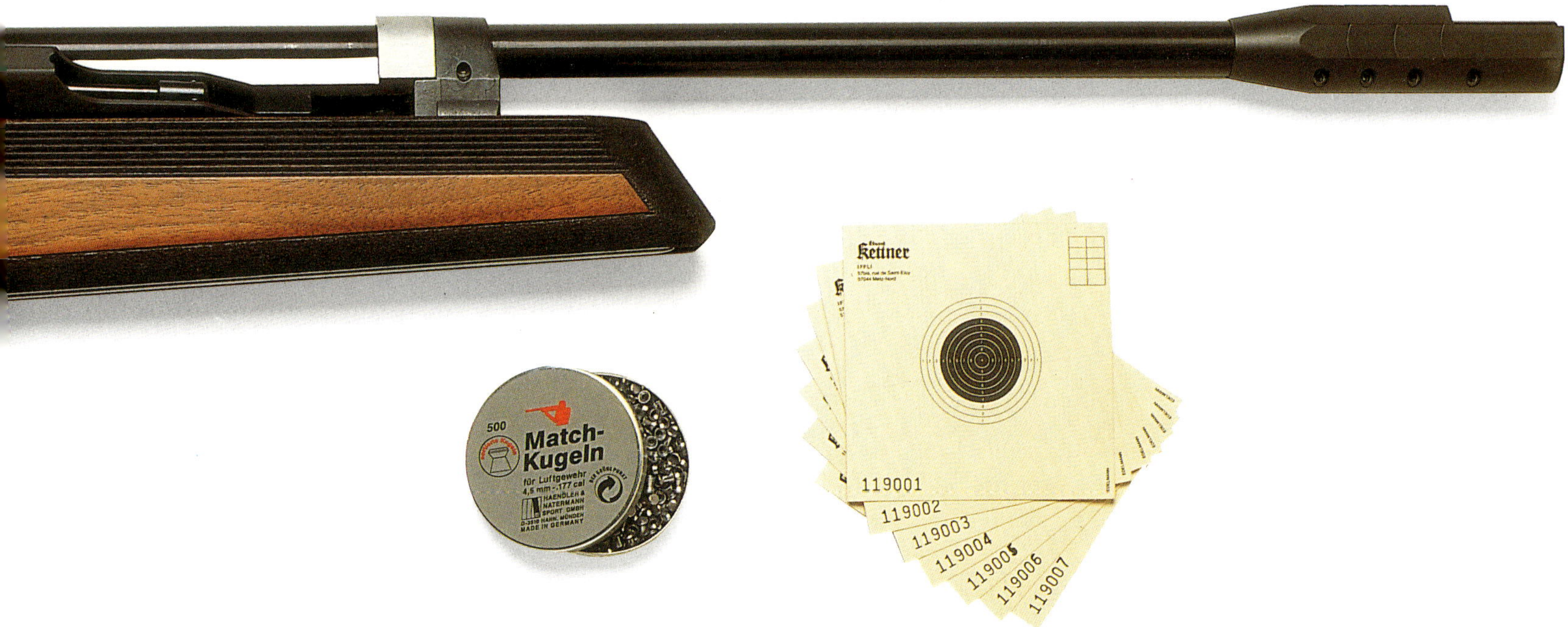

LUFTDRUCK- UND CO_2-MATCH-GEWEHRE

10-Meter-Waffen

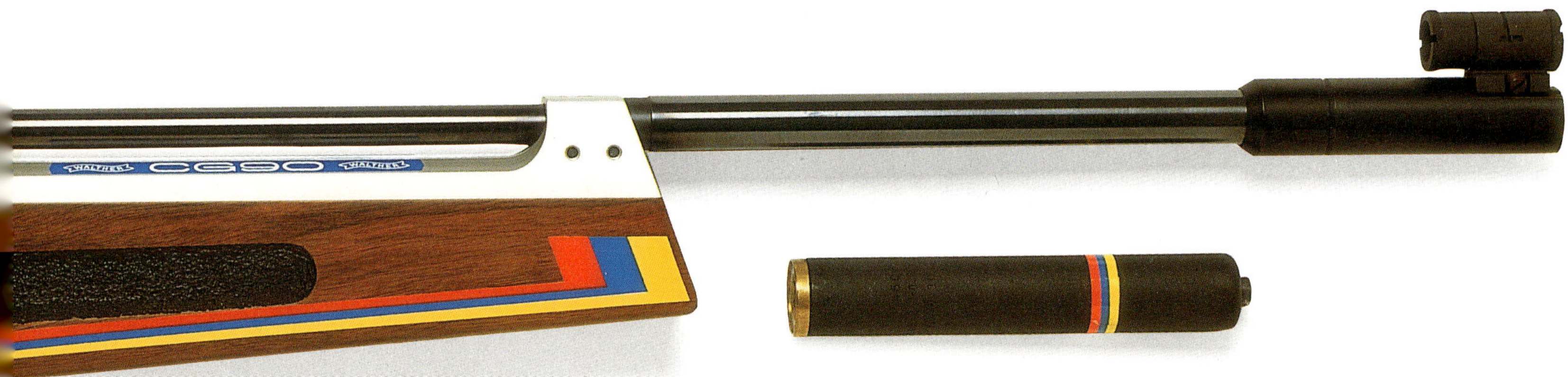

Walther-Matchgewehr Modell CG 90
Kaliber: 4,5 mm
Gewicht: 5 kg
Gesamtlänge: 1120 mm
Lauflänge: 480 mm

Gewehr für den Wettbewerb. CO_2-System mit Gaszylinder im Schaft. Anatomisch geformter Schaft mit Backe und einstellbarer Schaftkappe. Lauf an Metallblock befestigt, Abzug regulierbar. Auswechselbares Tunnelkorn, Mikrometerdiopter.

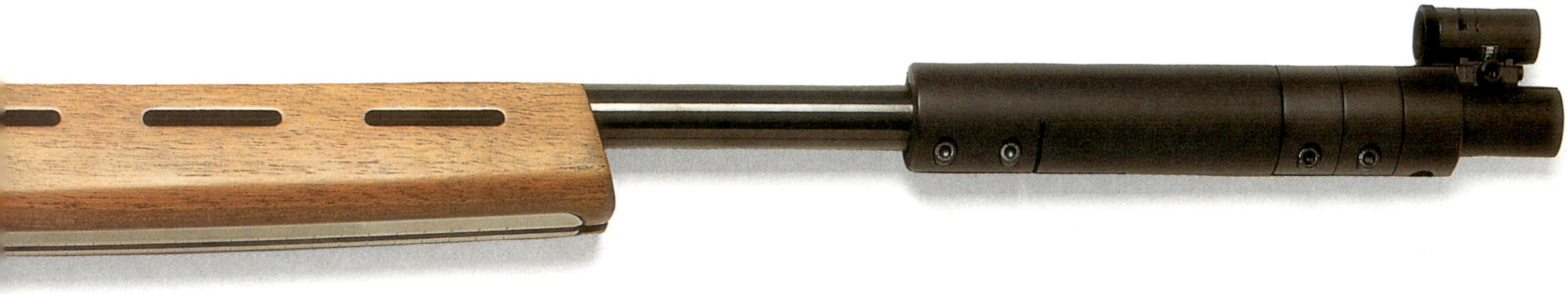

Anschütz-Kleinkalibergewehr Modell 2013 Super Match Spezial
Kaliber: .22 l.r.
Gewicht: 7 kg
Gesamtlänge: 1110-1170 mm
Lauflänge: 690 mm (gezogener Lauf 500 mm)

Einschüssige Waffe. Schaft und Pistolengriff allseits verstellbar, Abzug mit Einstellbereich von 100 g. Schaft aus Nussbaumholz mit Daumenloch und Fischhaut. Gezogener Lauf 500 mm, mit abnehmbarer Laufhülse. Universal-Diopter Anschütz Modell 7002 sowie Montage eines Zielfernrohrs möglich.

KALIBER .22 LR

Anschütz-Kleinkalibergewehr Modell 54

Dieses Gewehr zählte noch vor zehn Jahren zu den fortschrittlichsten Modellen und wird heute nicht mehr hergestellt. Wir zeigen es hier trotzdem im Vergleich zum modernsten Modell der Anschütz-Serie, um eine bessere Vorstellung von der technischen Entwicklung zu vermitteln, die diese Waffenklasse in den letzten zehn Jahren durchgemacht hat.

Skeetschießen

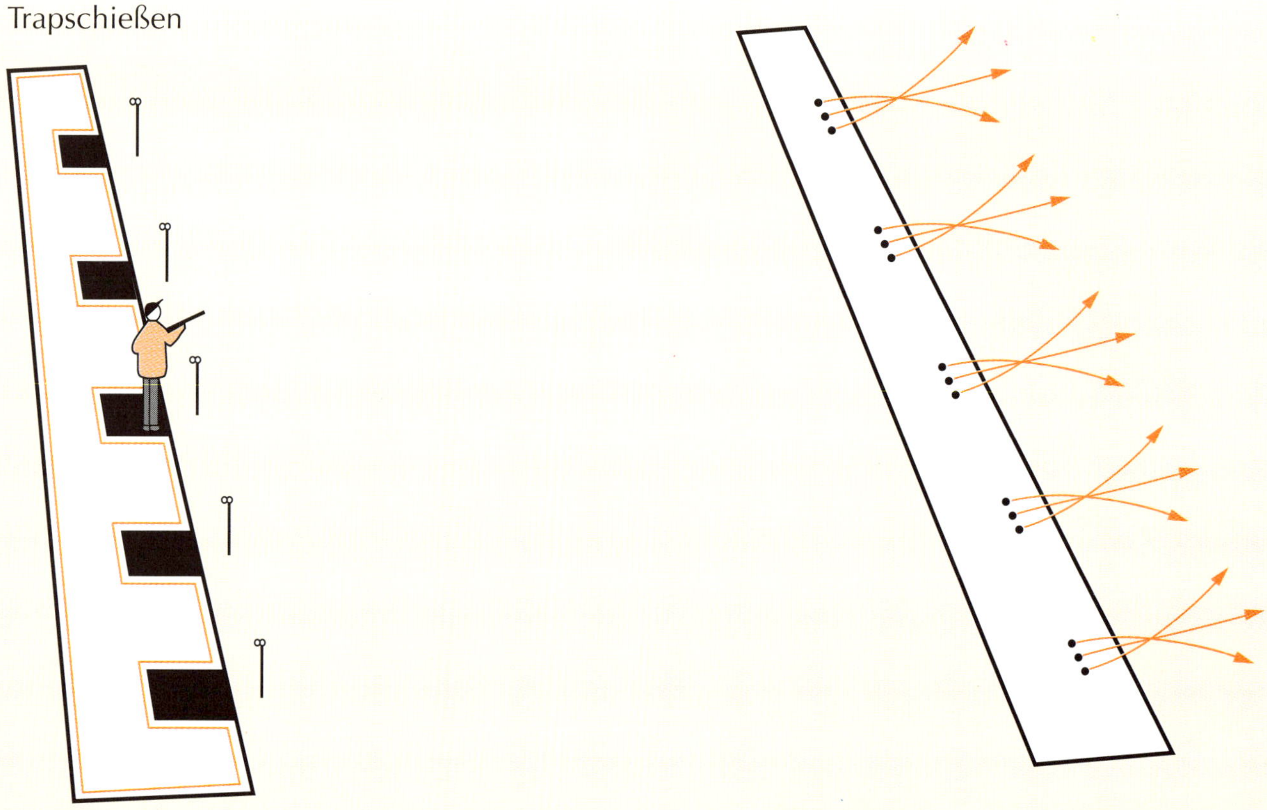
Trapschießen

DAS WURFSCHEIBENSCHIESSEN

Das am Anfang des 18. Jahrhunderts erstmals aufgetretene sportliche Schießen mit der Flinte, heute „Wurfscheibenschießen", war zunächst einigen wenigen vorbehalten, hat sich dann aber im Lauf der Jahre immer weiter verbreitet. Man unterscheidet dabei zwischen drei Disziplinen:

Skeet ist das Schießen auf Wurfscheiben, ehemals Tontauben, wobei der Parcours zwischen zwei Häusern aufgebaut ist, dem Hochhaus und dem Niederhaus. Diese beiden stehen sich in 40 Metern Entfernung genau gegenüber. Von diesen Häusern aus werden die Scheiben in einer genau definierten und gleichmäßigen Flugbahn geworfen. Der Parcours besteht aus acht Ständen, von denen sieben als Schützenstände im Halbkreis zwischen beiden Häusern angeordnet sind. Der achte Stand liegt genau in der Mitte der Geraden zwischen beiden Häusern. Der Schütze rückt von einem zum nächsten Stand vor. Dabei darf er seine Waffe erst anlegen, nachdem die Scheibe geworfen wurde. Insgesamt werden 200 Scheiben in Serien zu jeweils 25 Stück geschossen.

Trapschießen: Der Schütze steht an einer Linie (Graben) mit fünf Stellungen. In 15 Metern Entfernung von dieser Linie befinden sich insgesamt fünf Stände mit jeweils drei Wurfmaschinen. Der Schütze kennt die Wurfrichtung vorher nicht. Er legt die Waffe an, bevor das Kommando zum Wurf gegeben wird. Nach jedem Schuss wechselt er den Stand. Auch hier besteht der Wettbewerb aus 200 Scheiben in Serien zu jeweils 25 Stück. Vom Trapschießen gibt es zwei Versionen: das universale (fünf Wurfmaschinen, eine pro Stand) sowie das amerikanische Trapschießen (ein oder zwei Wurfmaschinen).

Der Jagdparcours ist englischen Ursprungs. Er besteht darin, die Flucht verschiedener Wildarten zu simulieren. Der Parcours kann unterschiedlich aufgebaut sein. Die Scheiben werden entweder einzeln oder zu zweit, nacheinander oder aber auch gleichzeitig geworfen. Der Schusswinkel bleibt der Entscheidung des Veranstalters vorbehalten. Die Scheiben können sich zum Schützen hin bewegen oder sich von ihm entfernen, flach über den Boden fliegen oder aber in die Höhe schießen. Ebenso können sie nach rechts oder links fliegen. Der Jagdparcours stellt mehr als jede andere Form des Schießens ein ausgezeichnetes Training für die echte Jagd dar.

Kettner R900 Trap
Kaliber: 12/70
Gewicht: 3,4 kg
Gesamtlänge: 1180 mm
Lauflänge: 740 mm

Lauf mit variablem Choke (3/4 – voll), Visierschiene 11 mm, Kühlungsschiene zwischen den Läufen. Rotes Perlkorn, selektiver Einabzug, Ejektoren. Basküle flächendeckend mit Arabesken- und Bukettgravur. Auf 1200 bar geprüft.

Browning B325 PC (Jagdparcours)
Kaliber: 12/70
Gewicht: 3,3 kg
Gesamtlänge: 1160 mm
Lauflänge: 710 mm

Version für Jagdparcours auf der Grundlage des Modells B325. Verstellbare „Inventor"-Chokes. Ventilierte Laufschiene. Regulierbarer Abzug, vergoldet. Schaft aus Nussbaumholz mit tulpenförmigem Vorderschaft.

WURFSCHEIBENSCHIESSEN

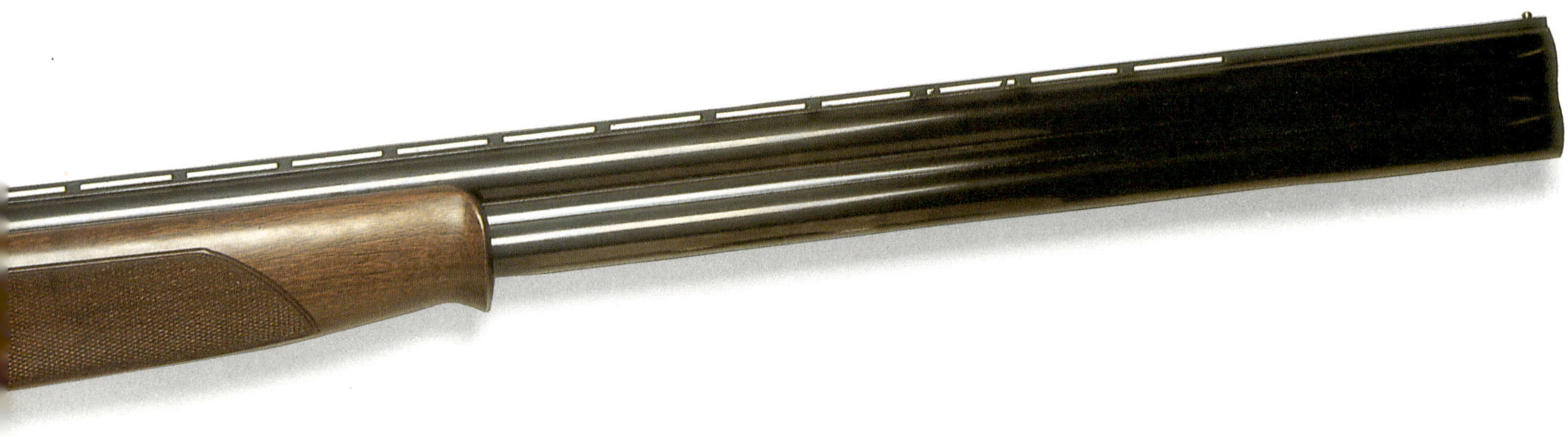

Steyr SPG-T mit Zielfernrohr 6 x ZF 84
Magazin mit 10 Schuss
Kaliber: 7,62x51 mm (.308 Winchester)
Gesamtlänge: 1165 mm
Lauflänge: 650 mm

Diese Büchse, das neueste Modell aus dem Hause Steyr, wird in drei Versionen geliefert: UIT, CISM und T. Die Letztere ist auf das Schießen über große Entfernungen (300 m und mehr) ausgelegt. Alle Metalloberflächen der Waffe sind speziell gegen Korrosion geschützt. Der Lauf besteht aus Schmiedestahl. Der Abzug ist regulierbar, und auch die Schaftbacke und die Länge der Schaftkappe lassen sich verstellen. Der Schaft besteht aus Schichtholz.

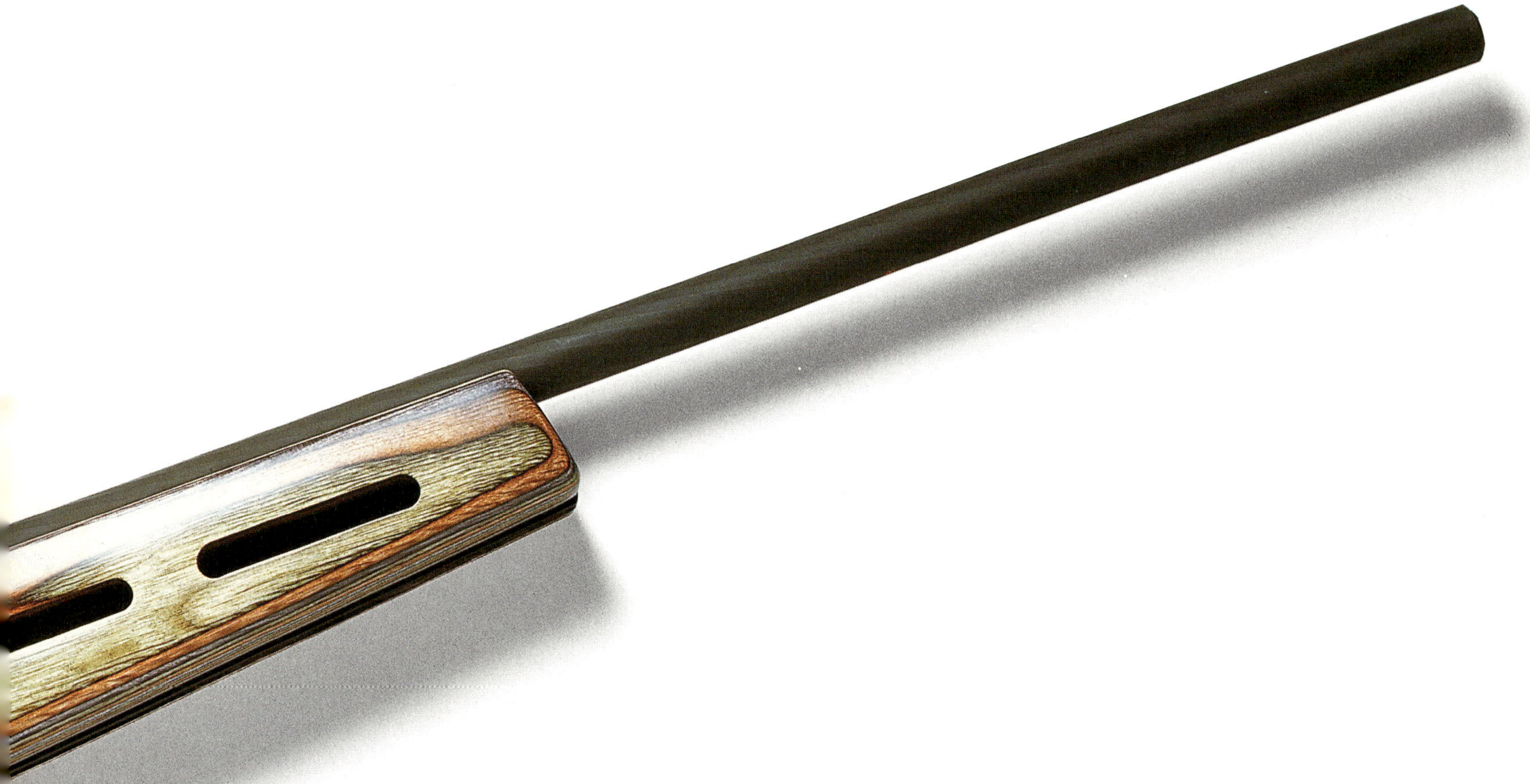

SCHIESSEN
auf große Distanzen

Krico-Büchse Modell Bench Rest
Kaliber: .243
Gewicht: 5,2 kg
Gesamtlänge: 1115 mm
Lauflänge: 600 mm

Das sogenannte Bench Rest-Schießen, sitzend aufgelegt, ist eine besondere Schießdisziplin, die aus den Vereinigten Staaten zu uns kam. Es handelt sich um Schießen mit höchster Präzision, wobei die Waffe auf der Gewehrauflage aufgelegt wird. Alle Waffen verfügen über ein Zielfernrohr und haben demzufolge keine Visiereinrichtungen aus Metall. Die Schussentfernungen variieren zwischen 100 und 300 m. Beim Schießen sitzend aufgelegt geht es darum, die Schussgruppe so eng wie möglich, am besten Loch an Loch, zu gestalten. Dabei geht man von entweder fünf oder zehn Schuss aus. Es gibt mehrere Untergruppen, je nach Gewicht und Kaliber der Waffen.

FRF 1
Magazin mit 10 Schuss
Kaliber: 7,5x54 oder 7,62x51 mm (.308 Winchester)
Gewicht (ohne Anbauteile): 5,2 kg
Gesamtlänge: 1138 mm
Lauflänge: 552 mm

Gewehr der Eliteeinheiten des französischen Heeres.

Humbert HB 308
Kaliber: 7,62 mm NATO

Das Scharfschützengewehr HB 308 wurde von der Humbert-Gesellschaft auf der Grundlage eines Rugerverschlusses in Verbindung mit einem Lauf von Delcour entwickelt. Es handelt sich um eine Präzisionswaffe für das Schießen über mittlere und große Entfernungen.

SCHARFSCHÜTZENGEWEHRE

Die Scharf- oder Präzisionsschützengewehre sind die Formel 1 in der Welt der Waffen. Es handelt sich um außergewöhnlich präzise Waffen. Schließlich muss schon der erste Schuss ein Treffer sein, ganz gleich unter welchen Klima- oder Sichtbedingungen. Die maximale Reichweite des klassischen Scharfschützengewehrs beträgt 500 Meter. Gelegentlich kommen für bestimmte Aufgaben auch schwere Waffen zum Einsatz, zum Beispiel solche mit Kaliber .50 BMG. Dann kann die Reichweite sogar 1000 Meter betragen.

Für die Herstellung einer derart präzisen Waffe sind elektronisch gesteuerte Maschinen ebenso unverzichtbar wie hochwertige Materialien. Jedes Bauteil muss von einwandfreier Qualität sein. Seit langem ist bekannt, dass zwei Stücke, die auf derselben Maschine gefertigt wurden und äußerlich identisch erscheinen, dies in Wirklichkeit gar nicht sind. Ein Stück ist immer besser als das andere. Warum das so ist, lässt sich nicht sagen oder vorausberechnen. Dafür hängt das Produktionsverfahren einfach von zu vielen Faktoren ab. Ein Hersteller, der mit seinen Serienprodukten bei klassischen Waffen durchaus zufrieden sein kann, muss für das Scharfschützengewehr eine rigorose Auswahl treffen. Die extrem hohen Kosten für diese Waffen sind zum Teil darin begründet, dass viele Teile, die nicht absolut den hohen Anforderungen entsprechen, ausgesondert werden müssen und nur die besten zum Bau der Waffe benutzt werden können. Aber nicht nur die Qualität ist entscheidend. Das Scharfschützengewehr darf weder zu leicht noch zu schwer sein. Natürlich muss das Gewehr auch exakt an den Schützen angepasst sein. Zu diesem Zweck dienen verstellbare Zweibeine, Schulterstützen und andere Bauteile. Auch die Zieleinrichtung muss von höchster Qualität sein, damit optimale Leistungen erzielt werden können.

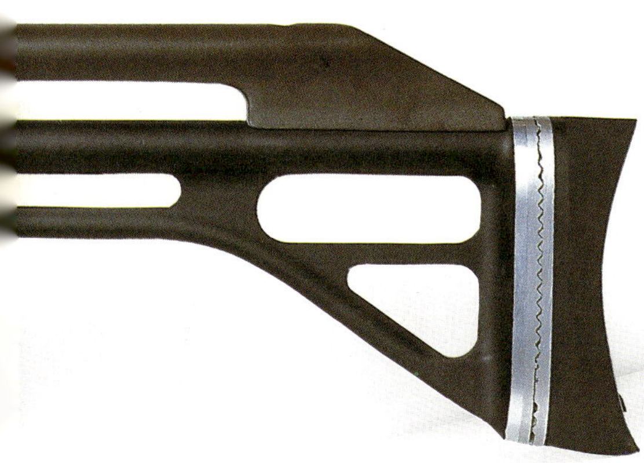

SIG SSG 3000
Magazin mit 5 Schuss
Kaliber: 7,62x51 mm (.308 Winchester)
Gewicht (mit Zielfernrohr, Magazin leer): 6,2 kg
Gesamtlänge: 1180 mm
Lauflänge (ohne Mündungsfeuerdämpfer): 610 mm

Neueste Version des robusten, zuverlässigen Präzisionsgewehrs. Vom Hersteller mit Zielfernrohr Hensoldt 1,5-6x42 BL ausgerüstet, ist jedoch auch die Montage anderer Zielfernrohre möglich.

SIG SG 550 Sniper
Magazin mit 20 oder 30 Schuss
Kaliber: 5,56 mm
Gewicht (ohne Anbauteile): 7 kg
Gesamtlänge: 1130 mm
Lauflänge: 650 mm

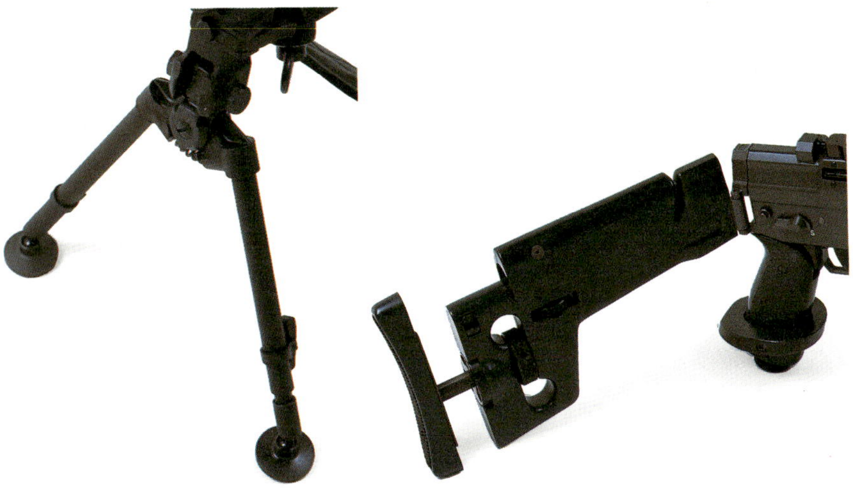

Halbautomatische Waffe, die in Zusammenarbeit mit den Spezialeinheiten der Schweizer Polizei entwickelt wurde. Als Grundlage diente das Sturmgewehr SG 550. Auch das Schweizer Heer hat diese Waffe eingeführt.

Repetiergewehre oder halbautomatische Gewehre für Scharf- oder Präzisionsschützen

Bei militärischen oder polizeilichen Scharfschützen kommen sowohl manuell zu bedienende Repetiergewehre als auch halbautomatische Büchsen zum Einsatz.

Die Repetierwaffen sind in der Regel präziser als die halbautomatischen Versionen. Nach dem Schuss gibt es keine Bewegungen im Innern des Verschlusses und somit auch keine störenden Vibrationen, die die Schussgenauigkeit beeinflussen können.

Die halbautomatischen Waffen erlauben zwar schnellere Schussfolgen, sind aber nicht so präzise wie die Repetierwaffen und zudem auch noch teurer. Die hohen Kosten dieser Waffen liegen darin begründet, dass die beweglichen Teile mit höchster Präzision zu bearbeiten sind, um unerwünschte Vibrationen auf ein Minimum zu reduzieren. Trotzdem sollte man aber nicht denken, dass die halbautomatischen Gewehre ungenau schießen. Auch bei ihnen handelt es sich um ausgezeichnete Waffen.

Steyr SSG-Polizeiversion mit Schalldämpfer
Magazin mit 5 Schuss
Kaliber: 7,62x51 mm (.308 Winchester)
Gewicht (mit Zielfernrohr 6x42): 5 kg
Gesamtlänge: 1135 mm
Lauflänge: 650 mm

Das von Steyr in Österreich hergestellte SSG-P zählt zu den am weitesten verbreiteten Scharfschützengewehren in aller Welt. Eine einfach zu bedienende, präzise und dennoch verhältnismäßig preiswerte Waffe.

Ultima Ratio Intervention
Magazin mit 5 Schuss
Kaliber: 7,62x51 mm (.308 Winchester)
Gewicht: 6 kg
Gesamtlänge: 1120 mm
Lauflänge: 600 mm

Das Ultima Ratio, das unter anderem auch zur Ausrüstung der französischen RAID-Spezialeinheiten zählt, ist ein kleines Wunderwerk an Präzision. Es handelt sich um eine Waffe nach dem Baukastenprinzip. Um das Kaliber zu wechseln, genügt es, ganz einfach den Lauf auszutauschen, was in einigen Sekunden erledigt ist.

POLIZEIWAFFEN

Zu früheren Zeiten ausschließlich dem Militär vorbehalten, hat das Scharfschützengewehr mit der wachsenden Bedrohung durch den Terrorismus auch in den Arsenalen der Polizei und anderer Anti-Terror-Kräfte Einzug gehalten. Im Allgemeinen unterscheiden sich die Polizeiwaffen von den Militärausführungen durch eine noch gesteigerte Präzision. Bei militärischen Einsätzen kommt es nicht so sehr darauf an den Gegner so blitzartig außer Gefecht zu setzen, wie etwa bei einer Geiselnahme, bei der der polizeiliche Präzisionsschütze den Geiselnehmer so treffen muss, dass er gegebenenfalls nicht einmal mehr in der Lage ist, seinen Abzugsfinger zu krümmen.

Sniper M2
Kaliber: .300 Winchester Magnum

Büchse aus der Waffenschmiede RAF in Saint-Etienne.

Mauser M86
Magazin mit 9 Schuss
Kaliber: 7,62x51 mm (.308 Winchester)
Gewicht (ohne Zielfernrohr): 6,3 kg
Gesamtlänge: 1273 mm
Lauflänge: 650 mm

Qualitativ hochwertiges Scharfschützengewehr mit Schaft aus Fiberglas oder Holz. Sein besonderes Merkmal liegt darin, dass sich zusätzlich zum Zielfernrohr auch ein Entfernungsmesser montieren lässt, so dass der Schütze die Entfernung zum Ziel exakt feststellen kann.

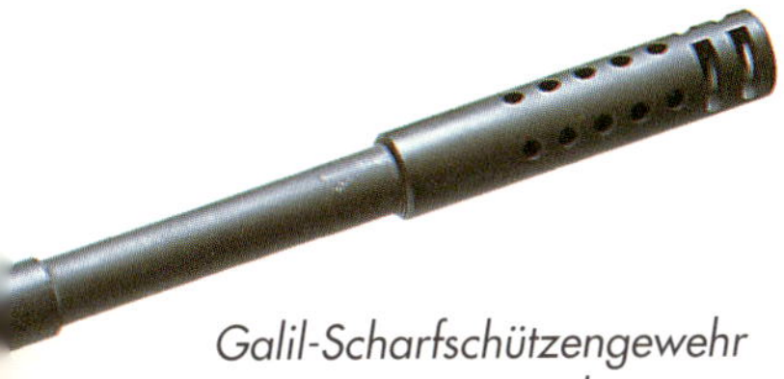

Galil-Scharfschützengewehr
Magazin mit 25 Schuss
Kaliber: 7,62x51 mm (.308 Winchester)
Gewicht (leer): 6,4 kg
Gesamtlänge (Schulterstütze ausgeklappt): 1112 mm
Lauflänge: 508 mm
Zielfernrohr: Nimrod 6x40

Die Scharfschützenversion des Galil-Sturmgewehrs. Es handelt sich um eine halb automatische Waffe.
Hier ist das Galil mit dem Restlichtverstärker ORT-MS4 ausgestattet, mit dem der Schütze sein Ziel bei Nacht sogar ohne Mondlicht noch treffen kann.

Der Mündungsfeuerdämpfer bzw. die Mündungsbremse ist beim Scharfschützengewehr kein simples Anbauteil, sondern ein wichtiges Bestandteil, das Präzision und gleich bleibende Schussergebnisse garantiert.

Mauser-Scharfschützengewehr SR 93
Magazin mit 9 Schuss
Kaliber: 7,62x51 mm (.308 Winchester)
Gewicht (ohne Anbauteile): 5,9 kg
Gesamtlänge: 1230 mm
Lauflänge (mit Mündungsfeuerdämpfer bzw. Mündungsbremse): 690 mm

Das Mauser SR 93 ist eines der neuesten deutschen Scharfschützengewehre. Entwickelt wurde es aufgrund eines Auftrags der Bundeswehr, die eine neue Waffe für ihre Spezialeinheiten sucht.

Ultima Ratio Commando II
Magazin mit 5 Schuss
Kaliber: 7,62x51 mm (.308 Winchester)
Gewicht: 5,5 kg
Gesamtlänge (Schulterstütze ausgeklappt): 980 mm
Lauflänge: 470 mm

Bei den Gewehren der Reihe Ultima Ratio Commando handelt es sich um militärische Ausführungen für Scharfschützen, die sich ebenso durch hohe Präzision wie durch ihren geringen Platzbedarf auszeichnen. Ein Schalldämpfer lässt sich in weniger als einer Minute montieren.

Ultima Ratio Commando I
Magazin mit 5 Schuss
Kaliber: 7,62x51 mm (.308 Winchester)
Gewicht: 5,5 kg
Gesamtlänge: 1080 mm
Lauflänge: 550 mm

IMI Timber Wolf mit Rotpunktvisier
Magazin mit 10 Schuss
Kaliber: .44 Magnum
Gewicht: 2,8 kg
Gesamtlänge: 940 mm
Lauflänge: 470 mm

Mechanismus aus Stahl. 16 mm breite Prismenschiene für Montage eines Zielfernrohrs. Sauberer, geschmeidiger Direktabzug. Sicherung unmittelbar hinter dem Abzug. Schlagbolzen gesichert. Verstellbares Visier, festes Korn.

Beretta Modell RS202-M1
Kaliber: 12/70
Gewicht: 3,2 kg
Gesamtlänge: 1020 mm (Schulterstütze ausgeklappt)
790 mm (Schulterstütze eingeklappt)
Lauflänge: 520 mm

Kolben aus Kunststoff, nach links einklappbar, mit Schaftkappe aus Elastomer. Sicherungsschieber unter dem Abzugsbügel. Einstellbares Visier mit festem Korn. Oberflächenfinish mattschwarz.

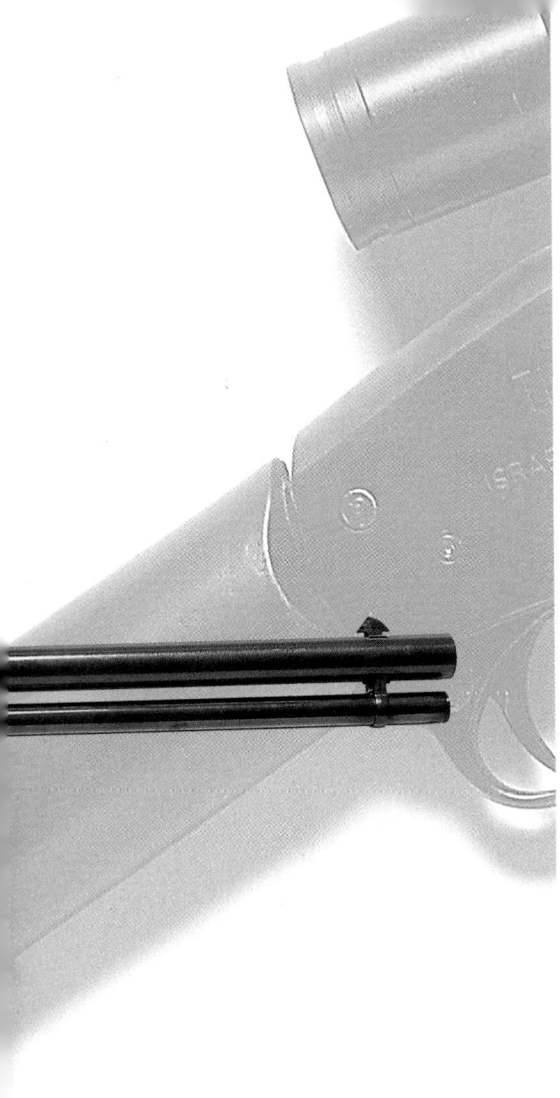

VERTEIDIGUNGSWAFFEN

Verteidigungswaffen finden sich bei der Polizei genauso wie bei den Streitkräften, wo sie für spezielle Aufgaben wie beispielsweise die Bewachung von Depots oder Stützpunkten eingesetzt werden. Auch Objektschutzunternehmen und Privatleute setzen sie ein. Die Unterschiede zwischen den Polizei- und Militärversionen beschränken sich im Wesentlichen auf die Lauflänge und das Fassungsvermögen der Magazine. Die zivilen Waffen haben im Allgemeinen eine geringe Magazinkapazität. Bei den Verteidigungslangwaffen finden wir in erster Linie das „verbesserte Jagdgewehr“, denn es ist für diesen Zweck am besten geeignet: Es muss leicht zu bedienen, zuverlässig und sicher sein. Viele Polizeikräfte verfügen noch über Maschinenpistolen (MPs). Maschinenpistolen sind allerdings gefährlich in den Händen von Schützen, die sie nicht einwandfrei beherrschen. Bei einem Feuerstoß verfehlen immer einige Kugeln das Ziel, weil die Mündung die Tendenz zum „Steigen“ hat. Daher zieht man es in einigen Ländern vor, die Polizei stattdessen mit Gewehren auszurüsten, die leichter zu beherrschen sind und grobe Fehler ausschließen. Die Verteidigungslangwaffen lassen sich in drei Klassen unterteilen: Vorderschaftrepetierer (die berühmten „Riot Guns“), Automatikwaffen (eigentlich halbautomatische Waffen) und die so genannten Überlebenswaffen. Letztere werden in der Regel von Piloten und Expeditionsteilnehmern benutzt. Oft handelt es sich um kombinierte Waffen, die sowohl Einzelgeschosse als auch Schrot verschießen.

Remington Express 870 Police
4 + 1 Schuss
Kaliber: 12/76
Gewicht: 2,8 kg
Gesamtlänge: 1090 mm
Lauflänge: 610 mm

Vielseitige Vorderschaftrepetierflinte. Lauf mit ventilierter Laufschiene.

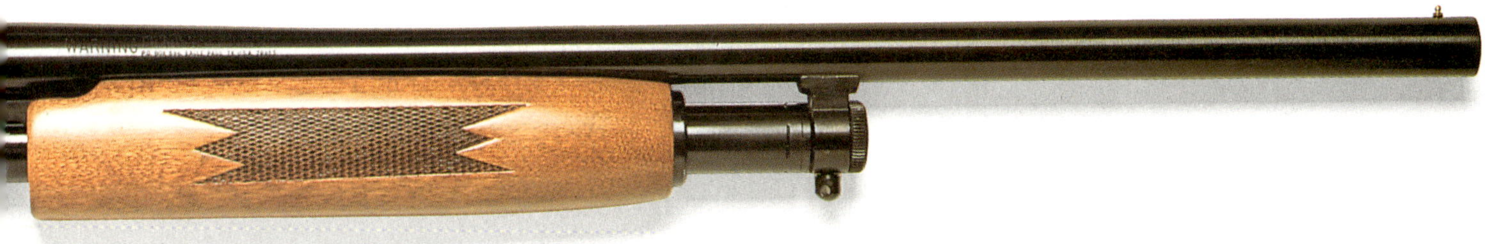

Mossberg ATP6
5 + 1 Schuss
Kaliber: 12/76
Gewicht: 3,1 kg
Gesamtlänge: 970 mm
Lauflänge: 610 mm

Waffe aus der 500er Serie des amerikanischen Herstellers Mossberg. Gehäuse aus Leichtmetall, schwarz brüniert und poliert. Schaft aus amerikanischem Nussbaumholz. Sicherung am Schafthals und in der Höhe des Verschlusses. Keine Visiereinrichtung, aber mit Perlkorn.

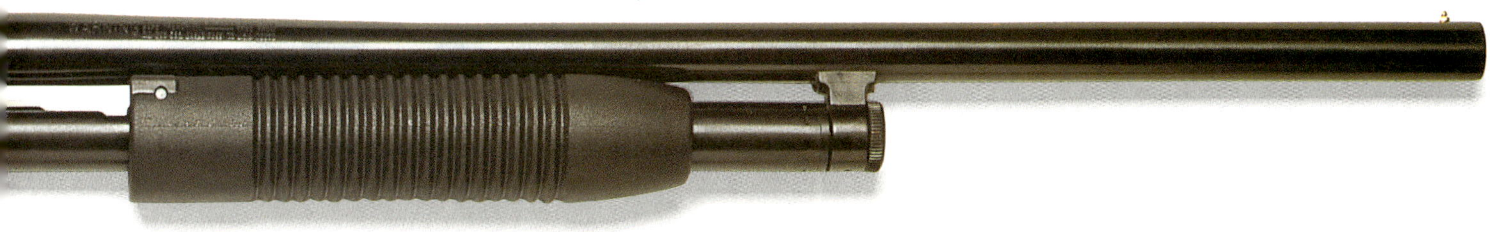

Maverick Modell 88
5 + 1 Schuss
Kaliber: 12/76
Gewicht: 2,9 kg
Gesamtlänge: 970 mm
Lauflänge: 610 mm

Robuste Repetierflinte mit Abzugssicherung. Gehäuse aus Leichtmetall, schwarz brüniert. Kolben aus Kunststoff mit Schaftkappe aus Gummi. Läufe mit den Modellen von Mossberg austauschbar.

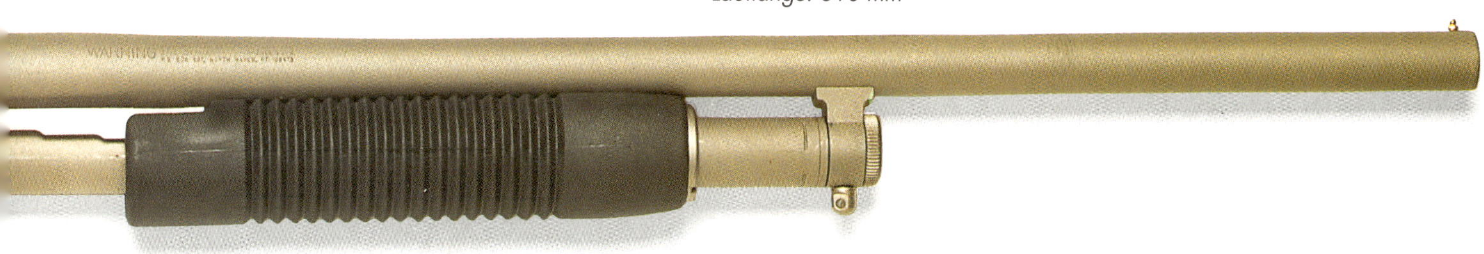

Mossberg Mariner
5 + 1 Schuss
Kaliber: 12/76
Gewicht: 3,2 kg
Gesamtlänge: 970 mm
Lauflänge: 610 mm

Metallteile Marinecote-beschichtet (Teflon-Nickel), das korrosionsbeständiger ist als rostfreier Edelstahl. Schaft aus schwarzem Kunststoff mit Schaftkappe aus Gummi.
Die 1919 von Oscar F. Mossberg gegründete Firma hat ihren Sitz in New Haven, Connecticut. Sie ist weltweit der größte Hersteller von Vorderschaftrepetierern. Die US Army ist ebenso mit Waffen von Mossberg ausgerüstet wie auch viele andere Polizei- und Spezialeinheiten in aller Welt.

P. BERETTA

MAGNUM CAL 12
BENELLI ARMI URBINO ITALY

PIETRO BERETTA

Beretta 1200 F
3 Schuss
Kaliber: 12/70
Gewicht: 2,9 kg
Gesamtlänge: 1250 mm
Lauflänge: 710 mm

Halbautomatische Flinte, Verriegelung durch Drehen des Verschlusskopfes. Schaft aus polymerisiertem Synthetikmaterial, das äußerst stoßfest ist und sich auch unter den härtesten Klimabedingungen nicht verformt. Die Version 1200 FP ist in erster Linie für Polizeikräfte gedacht und unterscheidet sich vom 1200 F durch das Fehlen der Visierschiene, einen nur 510 mm langen Lauf und ein einstellbares Visier. Außerdem verfügt es über ein Magazin mit sechs Schuss.

Benelli Super 90 M3
6 oder 7 Schuss je nach Patronenlänge sowie 1 Schuss in der Kammer
Kaliber: 12/76
Gewicht: 3,2 kg
Gesamtlänge: 1220 mm
Lauflänge: 660 mm

Wahlweise als Halbautomat oder Vorderschaftrepetierer einsetzbar. Ein einfacher Umschalter ermöglicht die Wahl der gewünschten Funktionsweise. Verschluss aus Ergal, einer speziellen Leichtmetall-Legierung. Kolben aus glasfaserverstärktem Rislan mit Schaftkappe aus Gummi. Eine Waffe höchster Qualität.

Benelli Super 90 M3T
6 oder 7 Schuss je nach Patronenlänge sowie 1 Schuss in der Kammer
Kaliber: 12/76
Gewicht: 3,6 kg
Gesamtlänge: 1035 mm (mit ausgeklappter Schulterstütze) bzw.
780 mm (mit eingeklappter Schulterstütze)
Lauflänge: 660 mm

Version der oben beschriebenen Benelli-Flinte mit einklappbarer Schulterstütze

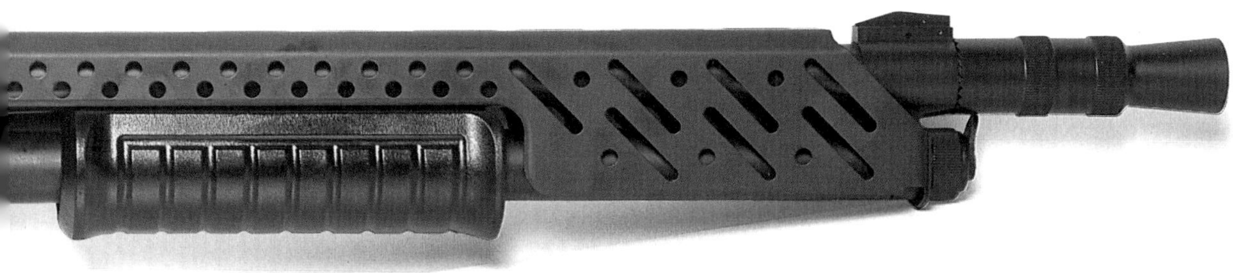

Beretta RS202-M2
5 + 1 Schuss
Kaliber: 12/70
Gewicht: 3,9 kg
Gesamtlänge: 1050 mm (mit ausgeklappter Schulterstütze) bzw.
815 mm (mit eingeklappter Schulterstütze)
Lauflänge: 520 mm

Seitlich abklappbare Schulterstütze, Handschutz aus gelochtem Blech, feste Visiereinrichtungen. Lauf vorne mit Gewinde versehen, um Zubehör wie beispielsweise Granatwerfer zu montieren. Oberflächenfinish mattschwarz.

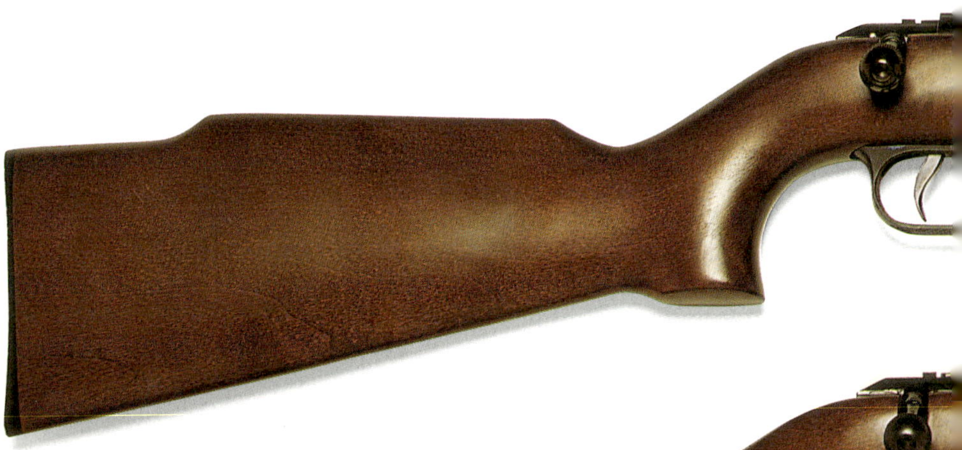

Sidna-Büchse Commando Silencer
Version des Sidna Commando mit montiertem Schalldämpfer

Sidna-Karabiner Commando9 Schuss
Kaliber: .22 l.r.
Gewicht: 2,3 kg
Gesamtlänge: 950 mm
Lauflänge: 500 mm

Handrepetierer, in Höhe der Kammer in zwei Teile zerlegbar. Korn im Tunnel und in der Höhe schrittweise verstellbares Visier. Montage eines Zielfernrohrs möglich.

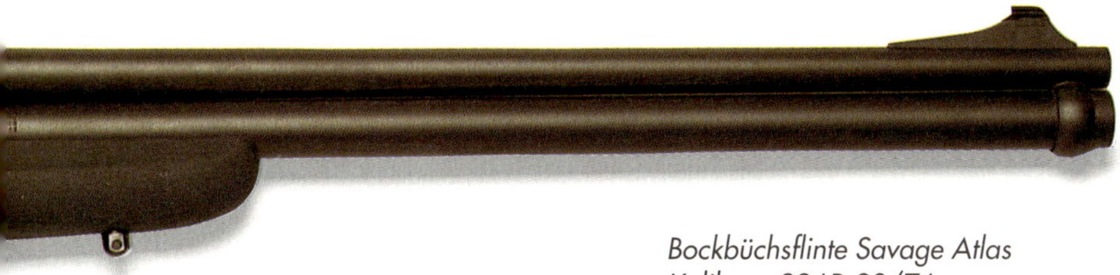

Bockbüchsflinte Savage Atlas
Kaliber: .22 LR-20/76
Gewicht: 3,6 kg
Gesamtlänge: 1030 mm
Lauflänge: 610 mm

Waffe des berühmten amerikanischen Herstellers Savage. Kipplauf-Waffe mit oben liegendem Verschlusshebel. Außen liegender Hahn mit Umschalter für Kugel und Schrot. Der oberе Lauf ist für Patronen vom Kaliber .22 l.r. bestimmt, der untere für Schrotladungen vom Kaliber 20/76. Stauraum für Munition und Zubehör unter der Schaftkappe. Mittelring beweglich, Schaft aus schwarzem Graphit-Fiberglas-Polymer. Es kann ein Zielfernrohr montiert werden.

Bockbüchsflinte Sidna
Kaliber: .22 Hornet-20/70
Gewicht: 2,4 kg
Gesamtlänge: 1030 mm
Lauflänge: 610 mm

Bockbüchsflinte. Der obere Lauf ist für Schrot vom Kaliber 20/70, der untere für Kugelpatronen (.22 Hornet).

ÜBERLEBENSWAFFEN

Krico-Jagdbüchse mit Zielfernrohr SUPRA 1,5-6x42 mm

Systemkasten, Laufansatz und Montage für Zielfernrohr mit herrlichen Eichenblattmotiven graviert. Die Unterseite des Magazins ist ebenfalls graviert und zeigt den Kopf einer Gemse. Klassisches Visier mit fester Kimme. Deutscher Stecher. Sehr schönes Holz mit Schnitzarbeiten am Griff und am Vorderschaft; anstelle von Fischhaut ist Eichenlaub eingeschnitten. Eine außergewöhnliche Waffe.

LUXUSWAFFEN

Das Schießpulver, dessen Herkunft im Dunkeln bleibt – es wird den Chinesen, den Arabern, den Byzantinern, Berthold Schwarz wie auch dem Franziskaner Roger Bacon zugeschrieben – ermöglichte die Herstellung der ersten „Feuerrohre". Im 14. Jahrhundert zeigte sich der erste Fortschritt mit der Erfindung der Luntenschlossmuskete. Von nun an war der Büchsenmacher Mechaniker und Künstler zugleich. Die reichen europäischen Staaten konnten es sich leisten, das Schöne mit dem Nützlichen zu verbinden. So entwickelten sich kunstvolle Einlegearbeiten aus Perlmutt, Elfenbein, Silber mit Ziselierungen und Vergoldungen von bestechender Schönheit.

Die Luxuswaffen stellen das Nonplusultra auf dem Gebiet der Waffen dar. Oft sind es kostbare Einzelstücke, die auf Wunsch des Kunden gefertigt werden. Dabei werden Schönheit und technische Höchstleistungen zu einem gelungenen Ganzen verschmolzen. Die Schönheit zeigt sich sowohl an der Wahl der Materialien für den Schaft als auch an der Qualität der Gravuren. Luxuswaffen verfügen oft über Reliefgravuren, die von berühmten Künstlern gestaltet werden. Der Künstler trägt genauso viel zum fertigen Produkt bei wie der Büchsenmacher. Der zweite Faktor, der eine Luxuswaffe ausmacht, ist die Qualität der Ausführung. Wichtig sind hier in erster Linie die Art des verwendeten Stahls, die Präzision der Waffe, die Konvergenz der Läufe und die Qualität aller beweglichen Teile. Meistens sind Luxuswaffen zum großen Teil von Hand gefertigt. Eine Luxuswaffe ist mehr als ein Genuss für die Augen. Nur ihr Besitzer weiß alle ihre Qualitäten zu schätzen.

Gewehrkoffer von Papst Leo XIII.

Doppelflinte mit Zentralzündung und außenliegenden Hähnen. Nebeneinanderliegende Läufe im Kaliber 12. Schloss mit Zeichen von A. Rouchouse (Waffenmeister in Saint-Etienne und Nachfolger von F. Escoffier) und feinen Verzierungen.

Schöner Schaft aus Nussbaumholz. Der Koffer besteht aus gemasertem Nussbaumholz und trägt das Wappen des Papstes. Der Deckel ist mit Velours ausgeschlagen und mit der Aufschrift: „Von den Waffenarbeitern von Tour-en-Jarret (Loire) für den Heiligen Vater, Papst Leo XIII." Mit zehn Zubehörteilen. Wurde von der Bruderschaft der christlichen Arbeiter für Papst Leo XIII. (1810-1903) angefertigt. Eine einzigartige Waffe.

Deutsche Radschlossbüchse

Waffe auf 1595 datiert. Länge 870 mm. Vorzüglicher Achtkantlauf mit Messingabschluss. Das Datum 1595 ist auf beiden Seiten des Stempels deutlich eingraviert. Graues Metall, tabakbraun patiniert. Schaft aus Obstbaumholz mit Einlegearbeiten aus gravierten Knochen mit Darstellungen von Fabelwesen und esoterischen Motiven. Der Schaft hat einen Riss und eine alte Verblattung.

Kleine österreichische Radschlossbüchse

Waffe aus dem 17. Jahrhundert mit einer Länge von 730 mm. Graues Schloss ohne besondere Verzierungen. Achtkantlauf kleinen Kalibers. Hübsch dekorierte Verzierungen aus Bronze. Sehr schöner Schaft, mit Blattmustern verziert. Schaftkappe aus Horn.

Borovnik Bockdoppelbüchse Jubiläum, 9,3x74R

Diese Jubiläumsserie wurde von der Firma Kettner bei dem bekannten österreichischen Waffenmeister Borovnik in Auftrag gegeben. Borovnik gehört zur Gruppe der Büchsenmachermeister aus Ferlach. Das kleine österreichische Dorf ist wegen der Qualität seiner Jagdwaffen in aller Welt bekannt. Die Waffenmeister von Ferlach sind berühmt für ihre Drillinge, Bockbüchsflinten und kombinierten Waffen. Borovnik, einer der bekanntesten unter ihnen, steht am Ende seiner Laufbahn. Die hier gezeigte Waffe ist einzigartig, weil von ihr auch in Zukunft kein zweites Exemplar produziert wird. Sie kostete über 80 000 DM und wird in absehbarer Zeit erheblich im Wert steigen.

Springfield M1 in getarnter Ausführung

Hierbei handelt es sich um die zivile Ausführung eines der berühmtesten amerikanischen Militärgewehre, nämlich das M 14. Bei dieser Version besteht der Schaft aus Glasfaser in Tarnmusterung. Das M 14 ist zwar schwer, aber für seine Präzision berühmt. Sehr seltenes Stück in dieser Ausführung.

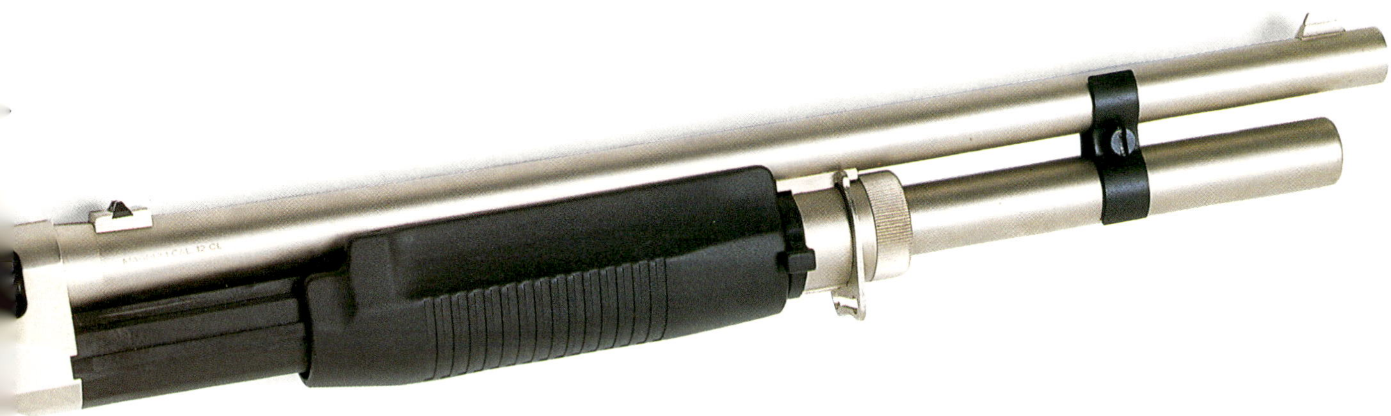

Benelli Super 90 M3

Diese Benelli-Flinte wurde von der Firma Rivolier speziell im Auftrag einer wichtigen Persönlichkeit aus dem Nahen Osten ausgeführt. Im Vergleich zur ursprünglichen Ausführung bestehen die Veränderungen nicht nur im Oberflächenfinish. Auch alle beweglichen Teile des Mechanismus sind von Hand überarbeitet.

Kleine Steinschlossbüchse von Boutet

Ein ausgewähltes Stück in außergewöhnlich gutem Zustand. Vorzüglicher Achtkantlauf aus Damaststahl mit Kennzeichnung „BOUTET ET FILS à Versailles" in Buchstaben aus Silber. Länge 1060 mm. Verschluss mit feinen Verzierungen und Stempeln auf silbernem Grund. Einstellbare Visiereinrichtung. Herrliches Schloss mit feinen Gravuren von Fabelwesen. Alle Beschläge sind aus massivem Silber mit Stempeln, Dekor mit sorgfältig ausgemeißelten, erhabenen Waffentrophäen. Silberschmiedekunst höchster Qualität. Schaft am Griff und an der Unterseite mit handgeschnittener Fischhaut.

TUNET
HUILE SUPERIEURE
POUR ARMES

ZUBEHÖR

Das Zubehör für Waffen ist vielgestaltig und umfangreich. In den letzten Jahren sind viele Hersteller sogar dazu übergegangen, immer mehr neues Zubehör auf den Markt zu bringen und die Weiterentwicklung ihrer Waffen zu vernachlässigen. Neben unverzichtbarem Zubehör gibt es auch solches, das kaum notwendig ist und eher dazu dient, eine Waffe nach dem Geschmack und Geldbeutel ihres Besitzers persönlich zu gestalten.

Zum unverzichtbaren Zubehör zählt alles, was der Pflege und dem Transport der Waffe dient.

Neben Reinigungsutensilien gibt es Pflegeprodukte (Lösungsmittel, Öl, Fett), Schutzhüllen, Taschen, Transportkoffer und andere Tragegurte.

Unter dieses Gebiet fallen auch die Patronentaschen. Es gibt sie für jeden Geschmack und Geldbeutel.

Zum wichtigen, aber nicht unverzichtbaren Zubehör gehören Zielfernrohre. Hier gibt es Modelle mit fester und variabler Vergrößerung. Die Zielfernrohre mit variabler Vergrößerung sind aufwendiger in der Herstellung, und es ist unbedingt auf Qualität zu achten. Bei optischen Geräten ist Qualität stets kostspielig. Es gibt auch andere Arten von Zielfernrohren, so beispielsweise Systeme mit Leuchtpunkt in der Optik oder Laser.

Zweibeine erleichtern das Schießen in liegendem Anschlag, erhöhen aber das Gewicht der Waffe. Wichtig ist, dass jedes Bein einzeln verstellbar ist. Dies erweist sich als äußerst nützlich, wenn der Boden Gefälle aufweist.

Natürlich gibt es noch weiteres Zubehör, vom Gehörschutz bis hin zu Schutzbrillen.

RECHTLICHE EINTEILUNG DER WAFFEN IN DEUTSCHLAND

Arten	Beispiele	Erkennungsmerkmale	Aussagen zum Erwerb und Besitz	Aussagen zum Führen
erlaubnispflichtige Schusswaffen („scharfe" Schusswaffen)	Büchsen, Flinten, Pistolen, Revolver; aus diesem Buch u. a. Einlaufbüchsen u. -flinten, Selbstladebüchsen u. -flinten, Repetierbüchsen, Doppel- und Querflinten, Drillinge, Bockbüchsflinten, Kleinkalibergewehre, mehrschüssige Vorderlader	deutsche Beschusszeichen (Bundesadler mit Buchstaben für Beschussart, Zeichen des jew. Beschussamtes, Kodierung des Beschussdatums), falls nicht in anderem, anerkannten Land beschossen	Erwerb und Besitz erlaubnispflichtig; Erlaubnis: Waffenbesitzkarte (mit Erwerbsberechtigungseintrag)	Führen erlaubnispflichtig; Erlaubnis: Waffenschein (zusätzlich zur Waffenbesitzkarte, in der Regel beschränkt)
erlaubnisfreie Schusswaffen („scharfe" Schusswaffen)	einschüssige Vorderladerwaffen und deren originalgetreue Repliken, deren Konstruktionsjahr vor 1871 liegt	deutsche Beschusszeichen (vgl. oben), falls nicht in anderem, anerkannten Land beschossen	Erwerb und Besitz erlaubnisfrei	Führen erlaubnispflichtig; Erlaubnis: Waffenschein (wird für solche Waffen nicht ausgestellt)
Luftdruck-, Federdruck- und CO_2-Waffen	Luftdruckgewehre und -pistolen; aus diesem Buch u.a. Freizeitluftgewehre, Match-Luftgewehre, Match- CO_2-Luftgewehre	F-Zeichen im Fünfeck	Erwerb und Besitz erlaubnisfrei ab 18 Jahren	Führen erlaubnispflichtig; Erlaubnis: Waffenschein (wird für solche Waffen nicht ausgestellt)
Gas-Alarm-Waffen	sog. Schreckschuss- und Signal-Revolver und -Pistolen, in diesem Buch nicht enthalten	PTB-Zeichen im Kreis	Erwerb und Besitz erlaubnisfrei ab 18 Jahren	Führen erlaubnisfrei ab 18 Jahren
Schusswaffen, die Verbotsnormen des Waffengesetzes und des Kriegswaffenkontrollgesetzes unterliegen	Vollautomatische Kriegswaffen, Waffen, die den Anschein vollautomatischer Kriegswaffen erwecken; aus diesem Buch u.a. Sturmgewehre, halbautomatische Scharfschützengewehre		für Privatpersonen generell verboten	für Privatpersonen generell verboten
Hieb- und Stoßwaffen	Messer und ähnliche „blanke" Waffen, deren vornehmlicher Zweck es ist, zum Angriff oder zur Verteidigung zu dienen, etwa Dolche, Butterfly-Messer, Schwerter etc. aber auch Gummiknüppel; in diesem Buch nicht enthalten		Erwerb und Besitz erlaubnisfrei ab 18 Jahren	Führen erlaubnisfrei ab 18 Jahren
Hieb- und Stoßwaffen, die Verbotsnormen des Waffengesetzes unterliegen	Hieb- und Stoßwaffen, die wegen ihrer besonderen Gefährlichkeit als generell verboten eingestuft sind, etwa besondere Arten von Spring- und Fallmessern, Stahlruten, Totschläger; in diesem Buch nicht enthalten		für Privatpersonen generell verboten	für Privatpersonen generell verboten

Unter „Führen" im Sinne der obigen Tabelle, ist die Ausübung der tatsächlichen Gewalt über die geladene und zugriffsbereite Waffe zu verstehen, zu Zwecken des Selbstschutzes, außerhalb des eigenen befriedeten Besitztums beziehungsweise außerhalb der eigenen Wohn- und Geschäftsräume.

Waffen, gleich welcher Art, dürfen generell nicht bei öffentlichen Veranstaltungen, also etwa Volksfesten, Fußballspielen, Demonstrationsveranstaltungen etc. geführt werden – auch nicht mit einem Waffenschein.

WAFFENGESETZE

Begriffsbestimmungen:

- Schusswaffen im Sinne des deutschen Waffenrechts sind Geräte, bei denen mittels heißer Gase (also in der Regel mittels einer Explosion) ein Geschoss (oder auch Geschosse, etwa beim Schrotschuss) durch einen Lauf getrieben wird und die bestimmt sind zur Jagd, zum Spiel oder zu Sport-, Militär-, Angriffs- oder Verteidigungszwecken.

- Die Ausübung der tatsächlichen Gewalt über eine Schusswaffe bedeutet, nach eigenem Gutdünken über sie verfügen zu können.

- Der Erwerb einer Schusswaffe bedeutet generell den Erhalt der tatsächlichen Gewalt, also nicht etwa nur, wie man meinen könnte, den Kauf, sondern auch etwa den Erhalt durch Schenkung und durch Erbfall, ja sogar das leihweise Erhalten einer Waffe.

- Das Überlassen einer Schusswaffe bedeutet die Einräumung der tatsächlichen Gewalt, also nicht nur etwa den Verkauf, sondern etwa auch ein Verschenken etc.

- Das Führen einer Schusswaffe im rechtlichen Sinne ist generell die Ausübung der tatsächlichen Gewalt über die Waffe außerhalb des eigenen befriedeten Besitztums beziehungsweise außerhalb der eigenen Wohn- und Geschäftsräume. Führen teilt sich auf in erlaubnisfreies Führen (kein Waffenschein erforderlich) und erlaubnispflichtiges Führen (Waffenschein erforderlich).

Ein Waffenschein ist zum Führen nicht notwendig, wenn die Waffe beim Führen weder schussbereit (geladen) noch zugriffsbereit (mit wenigen Handgriffen in Anschlag zu bringen) ist und sie nur auf dem direkten Weg von einem erlaubnisfreien Ort zum anderen „transportiert" wird, also insbesondere von zuhause zum Schießstand, zur Jagd oder zum Büchsenmacher und umgekehrt.

Zum Erhalt einer Waffenbesitzkarte als Erwerbs- und Besitzberechtigung für Schusswaffen beziehungsweise eines Waffenscheines zum Führen von Schusswaffen zum Selbstschutz, sind in der Regel folgende Punkte nachzuweisen:

- Bedürfnis: regelmäßig aufgrund Betätigung als Sportschütze, Jäger oder Waffensammler; bei Waffenscheinen Glaubhaftmachung einer erheblich über der der Allgemeinheit liegenden Mehrgefährdung.

- Zuverlässigkeit: wird durch die Behörde überprüft.

- Sachkunde: regelmäßig durch eine amtliche Sachkundeprüfung, bei Sportschützen durch eine von der schießsportlichen Vereinigung durchgeführte Prüfung.

- Mindestalter und körperliche und geistige Eignung.

- Haftpflichtversicherungsschutz.

MADE IN AUSTRIA
P714

SICHERHEITSRATSCHLÄGE

Beim Transport ist eine Waffe stets in einer Hülle oder einem Koffer aufzubewahren.

Im Haus ist es ratsam, Waffen in einem stabilen Schrank zu verschließen, um Unfällen vorzubeugen.

Entgegen der Meinung vieler Menschen, sind Waffen nicht gefährlicher als andere Gegenstände des Alltags wie zum Beispiel Automobile.

Die meisten Unfälle in Verbindung mit Waffen sind entweder auf Unkenntnis oder Missachtung der elementarsten Sicherheitsregeln zurückzuführen. Im folgenden einige Regeln, die unbedingt zu beachten sind. Natürlich ist diese Liste keinesfalls vollständig.

- Nie eine Waffe in Reichweite von Kindern liegen lassen bzw. aufbewahren
- Nie eine Waffe auf irgend jemanden richten, auch wenn man glaubt, sie sei nicht geladen.
- Die Waffe nach der Benutzung stets entladen. Dabei ist der Lauf so zu richten, dass niemand gefährdet wird.
- Bevor man eine Waffe in die Hand nimmt, die einem nicht gehört, ist der Besitzer um Erlaubnis zu fragen. Sie ist stets wie eine geladene Waffe zu behandeln.
- Nie eine Waffe ohne Aufsicht lassen.
- Zum Transport einen verschließbaren Koffer benutzen.
- Nie Waffen und Munition zusammen aufbewahren.
- Nie Munition verschiedener Kaliber mischen.
- Beim Schießen stets einen Gehörschutz tragen.
- Sich nie darauf verlassen, daß die Waffe gesichert ist.
- Beim Schießen möglichst eine Schutzbrille tragen.
- Auf dem Schießstand ist stets den Aufforderungen des Schießleiters Folge zu leisten.
- Die Papiere für die Waffe sind stets mitzuführen.
- Im Haus sind Waffen in einem stabilen Schrank, möglichst einem Waffenschrank, zu verschließen.

An diesem prachtvollen Kamin aus dem 17. Jahrhundert ist Folgendes zu sehen:

Im Hintergrund, unter dem Kaminsims von rechts nach links:

- Helm eines preußischen Artilleristen nach 1870
- Uniformjacke eines preußischen Artilleristen nach 1870
- Pickelhaube eines preußischen Infanterieoffiziers von 1895
- Uniform eines französischen Musikanten vom 5. Artilleriecorps, aus der Louis-Philippe-Zeit
- Preußische Infanterietrommel, 1914
- Artilleriesäbel, 1829, und fünf Gewehre: von 1822, 1817, Leibgardisten-Gewehr, 1819, Artilleriegewehr, 1816 und Gendarmerie-Muskete, 1800
- In derselben Reihe wie die Gewehre: Kavallerie-Rüstung und Helm, 1872

Vorne:

- Bronzestatue des berühmten amerikanischen Bildhauers und Malers Frederic Remington
- Bild eines Infanterieoffiziers (aus der Zeit Charles X.)
- Patronentasche eines Artilleristen, 1872
- Kanonenputzer, 18. Jahrhundert
- Artilleriesäbel, 1872
- Stabsoffizierssäbel aus der Konsulatsperiode, Messingscheide mit Sternenmuster
- Säbel eines Husaren-Offiziers aus der Revolutionszeit
- Einfacher Säbel, 1801
- Säbel der leichten Kavallerie, 1799
- Englische Donnerbüchse, Erstes Empire, mit aufgepflanztem Bajonett
- Eine der vielen Jeanne-d'Arc-Figuren, Bronze, 19. Jahrhundert
- Flaggenemblem der Nationalgarde, Zweites Empire
- Statue eines Trompeters der Republikanergarde aus dem Zweiten Empire
- Geflochtener Patronenkorb aus dem Ersten Weltkrieg

JEAN HUON
SERVICES SPECIAUX
ARMES
TECHNIQUES
MISSIONS
Kevin Cherrys Regie
Neu von Colt:
Police Positive Mk V
Neu von Freedom Arms:
Casull-Revolver in .50 Action Express
Neuer Trend:
Flinten im Kaliber 10
Neu von IMZ:
Modernisierte Makarow-Pistole
Verteidigung:
Schrot aus Revolvern
Christer Kindahl
PISTOLE & REVOLVER
Editoriale Olimpia
NIVERSARY ISSUE
men&Guns
February 1993
$3.00/$3.50 Canada
.380 Roundup:
The Right Choice?
GUNS
WIL
WES
Firearms of the
Frontier 184
George Mar
THE SIEGE AT RUBY RIDGE
AMERICAN RIFLEMAN
NOVEMBER 1993
WILSON'S SUPER PISTOLS
BAR GETS AN UPDATE
HAMMERLESS S&W'S EARNING NEW FANS
ATLANTA FRIENDS TURN OUT FOR NRA
Le pistolet
THE WORLD'S GREATEST GUN BOOK
Gun Digest
1992/46th Annual Edition
ALL NEW: Technical Articles by Qualified Experts; Field Tests and Evaluations by Shooters; History and Analysis for Students of the Gun.
PLUS:
Europas größter Sammlermarkt
1100 Kleinanzeigen
phinx A.T. .380
Mac Millan 7-08 mm

Die bunte Auswahl an Waffenzeitschriften in den verschiedensten Sprachen ermöglicht es Waffenfreunden, stets über den neuesten Stand der Entwicklungen informiert zu sein. Gewerbliche und private Anzeigen bieten eine gute Orientierung auf dem Markt für Sammlerwaffen.

REGISTER DER ABGEBILDETEN WAFFEN

DANK

Autor und Herausgeber danken den folgenden Firmen, die uns die in diesem Buch gezeigten Waffen zur Verfügung gestellt haben:

AKAH FRANKREICH, GIAT Industries, HUMBERT, KETTNER, LE HUSSARD, MAUSER, PGM PRÉCISION, RAF, RIVOLIER S.A., SAMSON EUROPA, UNIVERSAL ARMS

Übertragung aus dem Französischen: Jürgen Brust, M.A.
Lektorat und Bearbeitung: Redaktionsbüro Krumbach, Siegfried Stark, Gernot F. Chalupetzky, Jürgen Büschleb

ISBN 3-89555-322-0

1 2 3 4 5 4 3 2 1 0